청크 스토리
Chunk Story

청크 스토리

1판 1쇄 : 인쇄 2023년 12월 20일
1판 1쇄 : 발행 2023년 12월 26일

지은이 : 정동완 이은주 이선 윤소라 성유진
펴낸이 : 서동영
펴낸곳 : 서영출판사

출판등록 : 2010년 11월 26일 제 (25100-2010-000011호)
주소 : 서울특별시 마포구 월드컵로31길 62, 1층
전화 : 02-338-0117 팩스 : 02-338-7160
이메일 : sdy5608@hanmail.net

디자인 : 이원경

ISBN 979-11-92055-28-2 53700

청크 스토리
Chunk Story

영어 교사이다 보니 주위에 있는 선생님이나 학생들로부터 지금까지 이런 질문들을 많이 받아왔습니다.

"어떻게 하면 영어를 잘 할 수 있을까요?"

이 질문에 이렇게 답했습니다.

"답이 있습니다. 딱 2가지입니다. 영어를 꼭 해야만 하는 상황에 처하거나 영어 자체를 재미있다고 느끼는 것입니다."

여느 언어와 마찬가지로 영어는 열심히 듣고, 사용하면 잘 할 수 있습니다. 즉 지속적으로 input(듣기, 읽기)을 하면서, output(말하기, 쓰기)으로 이어지는 연습과 사용이 이어지면 자연스럽게 잘하게 되는 것입니다. 특별한 비법이나 며칠 만에 영어를 정복하는 비결은 없기 때문에 수많은 영어 학습 교재가 계속해서 나오는 것입니다. 이 중에서도 학습자가 영어 공부를 꾸준히 하게끔 만드는 책이 좋은 교재라고 생각합니다.

영어를 꼭 해야만 하는 상황에는 해외 거주, 외국인을 상대하는 업무 수행, 각종 시험 준비 등이 있을 것입니다. 그리고 벌금제 기반의 영어 스터디를 하는 것, 자격 시험을 치르는 것 또한 비용이 들기 때문에 잠시라도 영어 공부를 하지 않으면 안 되는 상황을 스스로 만드는 방법입니다. 〈청크 스토리〉 또한 매일 딱 15분 영어를 습관적으로 하게 하는 장치를 많이 넣으려고 했습니다. 그리고 많은 학생들의 변화를 보면서, 그 가능성을 더 널리 전파해보려고 하는 중입니다.

영어를 잘하게 하는 두 번째 조건, 재미가 있으면 된다! 이 조건을 위해서 청크 가족의 이야기를 통해 핵심 구문이 담긴 별개의 문장들을 하나의 맥락 안에서 엮어 놓았고, 만화를 활용하여 학습자들에게 흥미를 주고자 했습니다. 실생활에서 주로 쓰는 표현들을 익혀 활용할 수 있도록 구성하였습니다. 그리고 가장 중요한 포인트! 영어 능력이 향상되는 진정한 재미를 주고자 했습니다. 그 방법이 청킹(의미 단위 영어인식)입니다.

청크 학습법이란 영어를 인식하고 표현할 때 의미 단위(sense group)와 호흡 단위(breath group)로 구분하여, 의미 단위를 어휘 청크(lexical chunk)로 연결히고, 호흡 단위를 소리 청크(sound chunk)로 연결하여 학습자들이 스스로 학습하도록 안내하는 것입니다.

A chunk is a meaningful bit of language. Learning through chunks helps our students to learn language faster and more efficiently.

김영희·강문구·윤선중(2011, Journal of the Korea English Education Society)은 의미 단위로 끊어 듣기 활동을 통한 영어 듣기 능력 향상 방안에 대해 논하면서 의미 단위 듣기 활동이 학생들의 영어 듣기 능력뿐만 아니라 영어에 대한 흥미와 긍정적인 태도를 함양하는 데 효과적이라고 말합니다.

의미 단위로 끊어 듣기의 예를 살펴보면, 다음과 같습니다.

Being able / to read / by phrases / instead of / by single / words results / from practice.

초급자의 경우에는 위의 예시보다 더 작은 덩어리로 더 여러 번 끊어 들을 것이고, 상급자의 경우에는 더 적은 개수의 더 큰 덩어리로 끊어 들을 것입니다.

저자들은 이런 점을 감안하여 학습자들이 우선적으로 의미 단위 덩어리를 인식할 수 있도록 하는데 초점을 두어 교재의 모든 문장에 의미 단위(청크)마다 '/' 표시를 하였습니다. 이 교재를 수업에 활용하는 교사라면, 학생들의 수준에 따라 청크의 길이를 더 짧게 혹은 더 길게 조절하여 가르치면 더 효과적일 것이라 여겨집니다.

〈(고등) 청크중심 영어수업에 대한 외국어고등학교 학생들의 만족도 연구(정동완, 신창옥)〉와, 〈(초등) 청크 중심 학습이 초등학생의 영어 기능 및 흥미에 미치는 영향(정동완, 신창옥)〉이라는 두 논문에서 청크 중심 영어수업의 효과성을 입증하였습니다.

특목고인 외국어 고등학교 143명 학생들과 200명 가량의 초등학생들을 대상으로 청크 덩어리 어휘시험, 의미 단위 듣기(Chunking Listening), 의미 단위 말하기(Chunking Speaking), 의미 단위 읽기(Chunking Reading), 의미 단위 쓰기(Chunking Writing) 후 학생 토의, 교사 설명 등의 순서로 청크 중심 영어 수업을 진행했습니다. 학생들은 평균 이상의 만족도를 한 학기 내내 꾸준하게 보여주었고, 청크 중심 영어 수업을 통해 영어에 대한 자신감과 흥미를 고취하였습니다.

이 연구는 청크 중심 영어교수법이 초급학습자 뿐 아니라, 외국어고등학교 학생들과 같은 상위권 학생들에게도 영어 능력 뿐 만 아니라 자신감과 같은 정의적 영역에서도 긍정적인 효과를 줄 수 있다는 것을 밝혔고, EBS에서도 관련 수업을 운영하는 등 전국적으로 활용되고 있습니다.

이 책은 학술적으로 그 효과가 입증된 청크 영어 학습법을 통해 보다 많은 학습자들이 영어를 쉽게 이해하고 학습하도록 하는 데 그 목적이 있습니다. 부디 신나는 영어 학습 과정 속에 좋은 결과가 있기를 바랍니다.

이 책이 나오기까지 많은 분들의 도움이 있었습니다. 수고하심에 감사드립니다.

정동완 선생님은 기획저자로서 10년 이상 연구하신 청크 스토리 원본을 넘겨주셨습니다. 교육현장에 더욱 널리 활용될 수 있도록 저희 집필진은 스토리를 그대로 살리고 설명과 문제를 덧붙여 완전한 청크 스토리를 만들었습니다. 기존 교재인 메인북에 워크북을 새롭게 만들어 효과적인 영어 학습이 가능하게 하였습니다. 메인북과 워크북을 집필진 네 명이 나눠서 작업하여 원본이 학교 현장과 개인 학습에 잘 스며들어 가도록 다리 역할을 할 수 있는 콘텐츠로 만들었으며, 설명 강의 동영상도 만들어서 무료로 유튜브 채널에 올려 공유하기도 하였습니다. 교재 제작 후에도 수차례의 검토 작업을 통해 교육 현장에서 잘 활용될 수 있도록 최선을 다하였습니다. 청크 스토리 집필 시작 이후 3년 만에 드디어 책을 출판하게 되어 감회가 새롭습니다.

이은주 선생님은 집필진의 팀장으로서 기획저자, 집필진, 출판사 관계자, 검토진을 잇는 소통의 역할을 하였고, 청크 스토리 교재의 제작과 검토를 총괄하며 출판을 위해 노력하였습니다. 이선 선생님은 전국영어교사 단톡방을 운영하시며 넓은 인맥을 바탕으로 추천사와 원어민 검토를 받아주셨고, 이찬승 대표님 검토를 통해 청크 스토리 교재에 강세와 억양을 넣는 아이디어를 제안해주셨습니다. 윤소라 선생님은 꼼꼼하고 성실한 성격으로 철저하게 교재를 검토하여 오류를 잘 잡아주셨고, 등장인물 소개 부분을 맡아 주셨습니다. 성유진 선생님은 미적 감각이 있고 디자인을 잘하셔서 교재 전체의 디자인을 직접 창작하여 교재의 완성도를 높여 주셨고, 교재의 구성과 특징 부분을 제작하여 주셨습니다. 저희 청크 스토리 집필진은 다들 각자의 장점을 가지고 팀에 기여하는 드림팀입니다. 앞으로 청크 스토리 2권이 나올 수 있다면 다시 한 번 함께 작업하고 싶은 좋은 인연이 되었습니다.

아홉 분의 검토진 선생님들께서는 청크 스토리의 완성도를 높이기 위해 세심하게 검토를 해주셨고 교재의 활용방안도 함께 고민해주셨습니다. 많은 관심과 기여에 감사드립니다.

마지막으로 청크 스토리가 세상에 나올 수 있도록 저희 집필진을 믿고 부단히 힘써주신 서영출판사 서동영 대표님께 마음 깊이 감사 인사를 드립니다.

- 저자 일동

등장인물

Chunk 가족

주인공의 이름을 이 교재의 핵심 개념인 Chunk로 설정하여 학습자들이
chunk(의미 단위 덩어리)에 대해 조금이라도 더 친숙하게 느끼도록 하였다.

Mr. Chunk

젊었을 적에 수퍼히어로였지만, 가족이 생긴 후, 영웅의 삶을 포기하고 평범하게 살기로 결심한다. Chunk 가족의 가장이며 여느 직장인처럼 까탈스러운 직장 상사 때문에 힘들어한다. 일상생활 속에서 가끔씩 자신의 초능력이 원치 않은 순간에 예고 없이 발휘되어 당황하곤 한다.

Ms. Chunk

Mr. Chunk처럼 젊었을 적에 초능력을 지닌 특별한 사람이었으나 Mr. Chunk와 결혼하여 두 아이(Sis Chunk와 Chunky)를 낳은 후 평범하게 살기로 결심한다.

Sis. Chunk

Chunk 부부의 첫째 딸. 부모님으로부터 물려받은 초능력을 사용하고 싶어 하지만, 이로 인해 세간의 주목을 받아 안 좋은 상황에 처하게 될까봐 노심초사하는 엄마에게 항상 제지 당한다.

Chunky

Chunk 부부의 아들이자 Sis Chunk의 남동생. 누나처럼 초능력을 물려받았고 우연히 버스에서 발견한 소매치기범을 잡는데 도움을 준다.

Introduction of characters

Jack
Chunk 가족의 이웃

Mr. Bad
Mr. Evil과 버스에서
소매치기를 하는 악당

Mr. Evil
Mr. Bad와 버스에서
소매치기를 하는 악당

Girl
버스에서 소매치기당하는
소녀

Police Officer
소매치기 사건을 조사하는
경찰

Mr. Scrooge
Mr. Chunk의 까탈스러운
직장 상사

Mr. Jobs
Mr. Chunk의 직장 동료

Mr. Gang
Mr. Evil의 친구

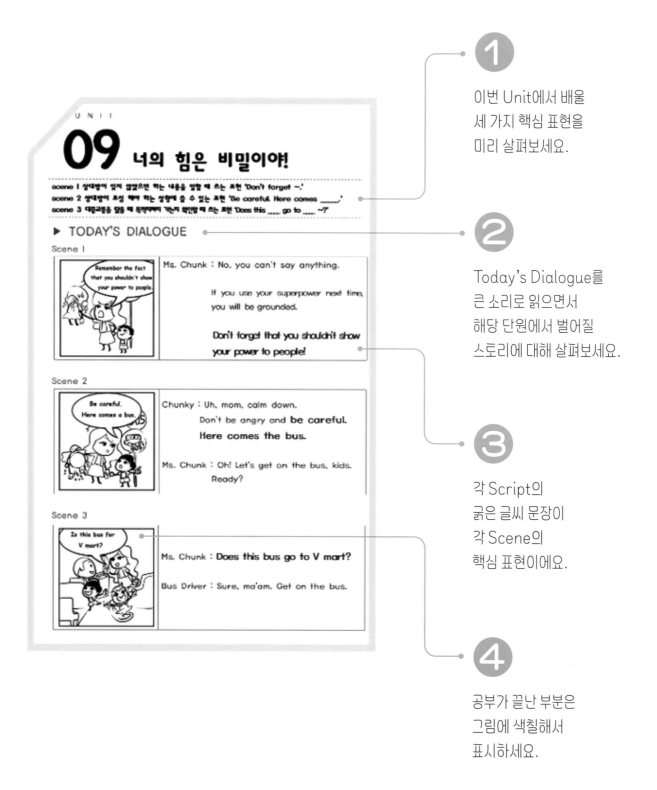

1 이번 Unit에서 배울 세 가지 핵심 표현을 미리 살펴보세요.

2 Today's Dialogue를 큰 소리로 읽으면서 해당 단원에서 벌어질 스토리에 대해 살펴보세요.

3 각 Script의 굵은 글씨 문장이 각 Scene의 핵심 표현이에요.

4 공부가 끝난 부분은 그림에 색칠해서 표시하세요.

Check it의 정답은
Scene Script의
굵은 글씨를 참고하세요!

모든 문장은 의미덩어리인
청크 단위로 나뉘어 있어요.
청크 단위로 끊어 반복
연습한 후에 앞 뒤 청크와
연결하여 문장을 읽어보세요.

주요 표현의 형태, 해석, 의미를
알아보고, 발음하는 방법, 억양에
신경 써서 읽어보세요.
빨간색 진한 글씨를 크고 강하게
발음하세요.

명심해!

상대방이 잊지 않았으면 하는 내용을 말할 때 쓰는 표현 'Don't forget~'을 배워봅시다.

▶**CHECK IT!** 그림을 보고 알맞은 답을 골라봅시다.

Q. What does Mom Chunk want to say?

☐ Don't forget that there is a bus.
☐ Don't forget that there is a super market.
☐ Don't forget that you shouldn't show your power to people!

▶**SCENE SCRIPT**

Ms. Chunk : No, you can't / say anything.
아니, 너는 ~해서는 안된다. / 어떤 것도 말해서는

If you use your superpower / next time, / you will be grounded.
만약 슈퍼파워를 이용한다면, / 다음에 / 외출 금지야!

Don't forget / that you shouldn't show / your power / to people!
기억해라! / 너는 보여주면 안 된다는 것을 / 너의 힘을 / 사람들에게

▶**STUDY & SPEAK IT!** 발음을 익히고 표현을 말해봅시다.

Don't forget that you shouldn't show your power to people!

▷형태: Don't forget that 주어 + 동사.
▷해석: (주어)가 (동사) 하는 것을 잊지 말아라
▷의미: 상대방이 잊지 말았으면 하는 내용을 'that' 뒤에 말해 잊지 않도록 당부하는 표현

Don't forget 은 잊지말아달라는 의미이기 때문에 꼭 기억해달라는 'Remember'과 바꿔쓸 수 있어요. F와 P는 우리말의 [ㅍ] 소리와 비슷하지만 차이가 있어요. F를 발음할 때는 윗니로 아랫입술을 살짝 깨물 듯이 발음을 하고 P를 발음할 때는 윗입술과 아랫입술을 붙였다가 떼면서 소리를 내요. 따라서 forget [폴겟]을 소리 내어 말할 때는 윗니를 아랫입술에 대고 살짝 깨물 듯이 [ㅍ] 발음을 해보세요!

TIP 이렇게 읽어 보아!
1. 지워를 확인해 읽기
2. 어깨를 으쓱, 어깨를 위아래로 경서 따라 읽기

1. 잊지 마세요. / (무엇을) 버스가 있다는 것을
   Don't forget / that there is a bus.
2. 잊지 마세요. / (무엇을) 슈퍼마켓이 있다는 것
   Don't forget / that there is a super market.
3. 잊지 마세요. / (무엇을) / 빵집이 있다는 것을
   Don't forget / that there is a bakery.

'청크 스토리' 활용방안

검토진 선생님들의 '청크 스토리' 활용방안 모음입니다.

1. 서울 장평중 김미래 선생님
2. 파주 운정고 서석호 선생님
3. 세종장영실고 이다솜 선생님
4. 울산 엠플 영어원장 신제형 선생님
5. 전북 전라고 이창환 선생님
6. 안산 초당초 이미순 선생님
7. 서울 중동중 하지선 선생님
8. 서울 강동초 김예린 선생님
9. 경기 문정중 원어민 교사 Jonathan Perry

▶ 상황별 Scene 별로 구성되어 있기에 기본 문형을 익히고 파트너와 함께 스피킹 연습을 반복하기에 좋은 책인 것 같습니다. 또한 삽화가 있어 그림을 활용하여 상상력을 부여하면서 자신의 이야기를 핵심 문장들로 만들어 나가면서 숙지시켜 자연스러운 Writing 연습으로 이어지게 하면 좋을 것 같습니다.

▶ 영어 회화 동아리 운영, 정규수업 말하기 보조자료, 말하기 방과후 수업 운영에 활용할 수 있습니다.

▶ 저는 특성화고등학교의 호주 글로벌 현장학습을 떠날 학생들을 대상으로 일상 영어회화를 가르쳐야 하는데요. 이때 listen and repeat 하는 용도로 활용하고자 합니다. 주 1회, 50분 수업 기준으로 학생들이 쉬지 않고 계속 말하게 할까 해요. 2학기 때 해야 하니, 출간 작업이 그 전에 되면 좋겠네요!

▶ 듣기, 말하기 수업 내용과 청크 스토리 교재에 나와 있는 표현이나 상황이 비슷한 경

우 자료로 활용할 수 있을 것 같고, 특히 발음, 억양, 강세, 연음 등을 가르칠 때 유용하게 사용할 수 있을 것 같습니다. 아울러 의미단위를 구분해서 순서대로 의미를 파악하는 데 청킹을 효과적으로 활용할 수 있을 것 같네요. 5번 반복해서 읽는 활동도 효과적인 복습에 도움이 될 것 같습니다.

▶ 총 3가지의 활용 방안을 구상해보았습니다.

먼저, 정규 영어 수업 시간에 수준별 수업을 진행하지 않는 학교의 경우, 배움이 빠른 학생들은 항상 시간이 남고 배움이 느린 학생들은 항상 시간이 빠듯한 경우가 생깁니다. 해당 경우에 배움이 빠른 학생들이 시간이 남았을 때 할 수 있는 고정 활동 및 교재로 해당 교재를 활용할 수 있을 것이라 생각됩니다. 당일에 진행했던 활동과 연관되도록 교사는 사전에 범위를 지정하고 시간이 남은 학생들이 연습할 수 있도록 안내해주는 방식으로 해당 교재를 알차게 활용할 수 있습니다.

다음으로, 중학교 1학년 자유학기(년)제 주제 선택 프로그램에서 영어 연계 수업을 할 때, 사용하기에 용이한 교재라고 생각됩니다. 패턴을 중심으로 학습하며 학생들이 대화를 해보고, 이 패턴을 중심으로 더 다양한 발화를 해보는 활동을 진행하면서 학생들의 영어 실력이 향상될 것이라고 생각됩니다.

마지막으로, 방과 후 수업에 사용할 수 있을 것 같습니다. 교과서 진도를 따라가는 것이 어려운 학생들을 대상으로 영어 시험의 틀에서 벗어나 의사소통 기능에 집중하는 수업을 진행해보고 싶으신 선생님들께 추천해 드리고 싶습니다.

이 외에도 다양한 활용 방안이 있을 것이라 생각되지만 저의 경험상 위의 세 가지 방식을 가장 잘 활용할 수 있을 것이라 생각합니다.

▶ 청크스토리 활용 수업 아이디어
**중학교 영어 각 lesson에 포함된 Useful Expressions (유용한 표현_생활영어/회화 파트)부분을 〈청크스토리〉로 대체하여 수업하면 좋겠습니다.

1) Guessing Activity
- 카툰의 내용 및 주요 표현 확인 전 그림만 보고(순서를 섞은 그림) 나만의 표현으로 sequence 짜보고 영어로 표현해보기
- Guessing 활동 후 카툰의 음원 혹은 영상보면서 발음/ 연음/ 청크 확인한 후 shadowing

2) 청크 학습 후

- 청크 대화를 활용하여 그룹별 chant 대회 해 보기 (발음, 연음, 청크 표현 자연스럽게)

- 청크 표현 이용하여 나/짝/그룹만의 대화 만들어 보기(아이들의 학교생활 및 부모와 아이와의 대화 등 갈등 상황을 가미하면 학생들이 몰입하여 대화를 만들어 갈 수도 등). 조별로 창작한 대화를 발표할 때 처음에 miming으로 표현하여 다른 그룹에서 내용을 추측하게 해 볼 수도 있다. 이후에 발음, 연음, 청크 표현, body language등을 살려서 role-playing!

- 청크 대화 학습 후hot-seating활동으로 청크 family 인터뷰 해보기 '가능한 청크 표현을 많이 활용하고 상상력을 발휘하여 가능한 많은 질문을 한다. Interviewee(교사 혹은 학생)도 즉석에서 기지를 발휘하여 대답^^'

- 청크 대화 속 내용이 갈등 상황이라면 (선택을 해야 하는 딜레마적 상황) conscience alley (thought tunnel)활동을 해볼 수도 있다.

(참고: https://www.youtube.com/watch?v=-Hs0LirW9v8)

▶ 성우가 되어 청크스토리 낭독 녹음하기

청크스토리로 유대인의 공부법인 하브루타에 적용해 보았습니다. 하브루타 3단계 질문법을 활용하여 짝(하베르)과 함께 공부하도록 했는데, 요구하고 기대한 수준 이상으로 아이들이 재밌게 공부하였고 결과물 또한 감동적이었습니다. 하브루타식 공부는 시간을 충분히 주어야 더욱 효과적이지만 흉내를 내는 것만으로도 효과가 있었습니다. 청크스토리 본문에 있는 만화와 영어회화 스크립트만 제공하고 하브루타 3단계 질문법을 활용하여 내용 파악을 하게 한 후 성우가 되어 대화 내용 낭독하여 녹음하기 활동을 하도록 했는데 실감나고 신나게 활동을 하였고 내용 파악은 물론 실생활에서 사용하는 듯 자연스러운 영어회화를 구현하는 것을 보았습니다. 간단한 절차를 설명하겠습니다.

1. 청크스토리 각 단원에 있는 Scene 1, 2, 3의 만화와 스크립트를 소리내어 큰 소리로 두세 번 반복해서 읽는다. (학습자 능력에 따라 Scene을 쪼개어 활용할 수 있다.)

2. 짝(하베르)과 함께 하브루타 3단계 질문을 만들어 서로 나누고 토론한다.

[하브루타 3단계 질문법]

1단계: 내용/이해 질문(텍스트를 읽으면 바로 답할 수 있는 질문)

2단계: 심화/상상 질문(본문에 직접 적혀 있지는 않지만 행간을 살피거나 상상하면 답

할 수 있는 질문)

   3단계: 실천/적용 질문(삶 속에서 실천하고 적용할 수 있도록 이끄는 질문)

3. 짝(하베르)과 함께 성우가 되어 본문을 큰 소리로 낭독하여 녹음한다.

활동 예시 결과물 동영상 QR코드

성우가 되어 청크스토리 낭독하기

https://youtu.be/vp4NFsfvwq0

수업지도안

주제	17 Chunky가 태어나던 날	대상: 초3~4, 성인기초 / 1차시	40분

목표	1. 학생들은 외모적 특징을 설명하는 표현 have 동사를 이해하고 활용한다. 2. 행복했던 순간을 나타내는 표현 I was so happy when 의 표현을 이해하고 활용한다 3. 격려와 확신을 표현하는 'I knew (that) you could ~'의 쓰임을 이해하고 활용한다.

단계	procedures	Teaching & Learning Activities	Time
Intro	Greeting	exchanging greetings & small talk	1'
	Review	reviewing key expressions of the last class Unit 16 & Homework check	3'
	Motivation	showing pictures of a family & newborn baby	1'
Development	Presentation 1	presenting pictures Today's Dialogue Scene 1 & script on main book 99p explaining vocabulary : curly, Braids hair Practice workbook scene 1 on 50p	5'
	Activity 1	making today's dialogue Scene 1 with their partner, changing roles in turn. writing sentences using the key expression "have" making presentation in front of others	5'
	Presentation 2	presenting pictures Today's Dialogue Scene 2 & script on main book 99p explaining vocabulary : daughter, son, marry Practice workbook scene 2 on 50p	5'
	Activity 2	making today's dialogue Scene 1 with their partner, changing roles in turn. writing sentences using the key expression "I was so happy when" making presentation in front of others	5'
	Presentation 3	presenting pictures Today's Dialogue Scene 3 & script on main book 99p explaining vocabulary : ride, become, healthy, make it Practice workbook scene 3 on 50p	5'
	Activity 3	making today's dialogue Scene 3 with their partner, changing roles in turn. writing sentences using the key expression "I knew (that) you could ~" making presentation in front of others	5'
Consolidation	Wrap up	summarizing today's lesson	3'
	Assignment	giving the students homework	2'

▪ 송형호

헐!! 시트콤 같은 교재입니다. 읽을수록 빠져드네요. 아이들이 영어에서 자기 삶과의 연관성을 느끼지 못하면 기피 대상이 되면서 영포자(영어 포기자)가 탄생합니다.

이 책은 한편으로 만화책이기도 하네요. 초등학생이나 촉각 학습자들은 색칠하기(coloring)를 좋아합니다. 만화에 색칠을 하면서 스토리를 추측해볼 수도 있을 것 같습니다. 이야기가 전개되면서 가족의 삶이 펼쳐지는 모습이 눈에 생생합니다. 좋은 책은 재미, 감동, 정보의 3박자를 갖춥니다. 초능력을 가진 아이 이야기는 재미도 선사합니다.

추천사를 의뢰받자마자 3장까지 읽고 이 책의 가능성을 충분히 확인하고 추천사를 썼습니다. 현직 중고등학교 영어 교사들의 집단지성으로 구성이 되었다니 감동도 크고요. 재미, 감동, 정보 삼박자를 갖춘 잘 익은 책으로 추천합니다.

추천인 프로필
▪ 35년 경력의 전직 영어교사 ▪ 돌봄치유교실 카페(cafe.naver.com/ket21)의 개설자이자 고문 ▪ 「훌륭한 교장은 무엇이 다른가」의 역자

▪ 이찬승

「청크 스토리」 초급 영어회화 교재에 딸린 '청크송' 동영상을 눌렀더니 다음과 같은 경쾌한 톤의 아름다운 노래가 흘러나왔다.

"영어 문장 이해 못해, 긴 문장은 더욱 그래♪~"
"기억했다 쓰고픈 데 다섯 개가 한계래♪~",
"좋은 방법이 없을까?♪~"
"듣기, 말하기, 독해(→읽기), 쓰기♪~",
"정보처리 능력 한계 깨뜨려보고 싶어♪~",
"청킹이 답이야 ♪~"

청크송

절로 신이 나고 나도 모르게 따라 불렀다. 귀에 쏙쏙 들어왔다. 뇌에 도파민이 꽉꽉 분비되어 기분이 좋아지고 학습 동기가 올라간다! 이어서 저자들의 동영상 강의 하나를 클릭했다.

직장 상사 Mr. Scrooge가 부하직원 Mr. Chunk에게 일의 완료를 지시하는 장면의 역할

극이다.

Mr. Scrooge : I'm afraid I must go. If you don't finish it, you have to work with me tonight.
This is your last chance. Okay?

Mr. Chunk : I see, boss.

화난 목소리가 긴장감을 넘어 간장을 서늘하게 하면서도 재밌다. 이에 기죽은 Mr. Chunk 의 대답이 너무 안쓰럽다. 이를 듣는 순간 '맞아, 학습은 이렇게 해야 해. 감정이 실린 내용 은 뇌가 우선적으로 정보처리를(기억을) 처리하거든.' 하는 생각이 스쳤다.

앞의 청크송은 밝고 아름다운 노래여서, 뒤의 Mr. Scrooge와 직원 Mr. Chunk 간의 대화 는 공포, 동정과 같은 감정을 자아내기에 뇌가 쏙쏙 기억한다. 지루할 겨를이 없다.

「청크 스토리」의 최고 매력은 이렇게 실감나는 연극으로 연습할 수 있도록 구성된 스토 리라는 점이다.

「청크 스토리」는 초급 영어회화 교재다. 스토리 형식이고 회화에 필요한 기본적인 구어 표현 90개로 구성되었다. 영어를 우리말식으로 번역하지 않는다. 처음부터 끝까지 직독직 해다(Could you tell me / how to get / to V-mart?). 이를 통해 영어식 사고를 몸에 배게 한다. 하나의 구문(chunk)을 몇 가지 다른 상황으로 응용한다. 복수의 단어를 하나의 의미 덩어리(chunk)로 묶어 이해하고 사용하면 영어가 놀랍고도 빠르게 는다. 매우 뇌친화적인 접근이다. 곳곳에 묻어나는 필자들의 열정이 학습자에게도 즉각 전염된다. 많은 독자들이 「청크 스토리」에 푹 빠질 것 같다.

추천인 프로필
·공익단체 <교육을바꾸는사람들> 대표
·정의롭고 공정한 교육이라는 새로운 공교육을 위한 청사진을 만들고, 사회·경제적으로 불리한 위치에 놓여있는 아이들에게 꿈과 희망을 주는 교육프로그램을 연구 개발 보급하고 있음

· 손지선

"선생님 저는 영어 읽지도 못해서 영어 포기했어요."

이런 아이들을 매일 교실에서 봅니다. 아이들에게 어떻게 영어를 가르칠까 매일 고민하던 와중 청크스토리를 보았습니다. '상황 속에 담긴 이야기로 가르치면 내용 기억도 쉽고 배우기도 좋겠구나'라는 생각이 뇌리를 스칩니다. 우리 뇌는 일화 기억력이 매우 뛰어나다는 것과 청크스토리는 일맥상통합니다.

상황 속 스토리를 활용해 영어를 배울 수 있는 청크스토리는 영어를 배우는 학생들에게 좀 더 쉽고 즐겁게 공부할 수 있도록 큰 도움을 주는 교재라고 확신합니다.

추천인 프로필

· 현 15년차 중학교 영어교사
· 영어교육유공교원 교육부장관상 표창
· 중학교 영어교과서 저자

▪ 최선경

스토리텔링을 엮어 각 유닛의 장면들이 자연스럽게 연결되게 구성한 점이 눈에 띄네요. 교재를 활용하는 학생들의 흥미를 유발하기에 충분해 보입니다. 청크 표시와 함께 문장 안에서 강조해서 읽어야 할 단어를 굵게 표시해서 학생들의 영어 문장 독해와 읽기에 도움이 되겠어요.

Check It, Review, Try It 코너 등을 통해 학생들이 중요 표현을 반복해서 익힐 수 있는 구성 또한 마음에 듭니다. 각 유닛에 어울리는 명언을 적재적소에 배치한 모습에서 저자들의 세심함을 엿볼 수가 있네요. 내용, 구성 면에서 한마디로 디테일이 살아있는 교재네요.

영어에 흥미가 없는 학생, 기초가 부족한 학생, 기본을 다지고 싶은 학생들에게 큰 도움이 될 것으로 보입니다. 방과 후 수업 교재나 기초·기본반 수업 교재로 널리 활용되기를 바랍니다.

추천인 프로필

· 23년차 중학교 영어교사
· 교사성장학교인 고래학교 교장
· 실천교육교사모임 회원
· <프로젝트 수업 어디까지 해봤니>, <체인지 메이커로 우리 교실을 체인지한다>, <미래교육 혁신, 디퍼러닝>,
  <교사 공감 행복한 교사가 되는 15가지 습관> 원격연수 강사
· 『긍정의 힘으로 교직을 디자인하라』, 『체인지 메이커 교육』, 『중등학급경영_행복한 교사가 행복한 교실을 만든다』,
  『어서와! 중학교는 처음이지?』 외 다수 출간

▪ 양현

〈청크 스토리〉는 한 번 읽기 시작하면 책을 못 내려놓게 만드는 신기한 영어책입니다. Mr. Chunk 가족의 이야기를 4컷 만화 보듯이 읽다 보면 어느새 마지막 페이지까지 가 있거든요. 만화책처럼 부담 없이 여러 번 읽다 보면 유용한 표현이 머릿속에 쏙쏙 들어와 있을 거에요. 실용적인 영어 회화 표현을 익히고 싶으신 학생 또는 일반인들에게 적극 추천합니다.

추천인 프로필
·현 중동고등학교 영어교사 ·캠브리지 CELTA 튜터 ·능률 실용영어회화, 영어회화 교과서 집필 ·천재 고등학교 공통영어 영어교과서 집필 ·EBSe 〈최고의 영어교사〉 제36강(콘텐츠를 활용한 학습자 중심 문법 수업) 출연(2012.5.2.)

▪ 김우중

패턴북은 보통 딱딱한데 〈청크 스토리〉는 카툰으로 학습자의 흥미도는 높이고 부담감은 줄여 말랑말랑합니다. 말랑말랑하지만 짜임새 있는 액티비티들이 뒷받침하고 있어 학습서로서 전혀 손색이 없습니다. 억양이 표시된 텍스트도 인상적입니다.

듣말읽쓰(듣기, 말하기, 읽기, 쓰기)에서 청크의 중요성은 아무리 강조해도 지나치지 않습니다. 모쪼록, 학습자들이 이 책의 진가를 인지하여 〈청크 스토리〉 2권, 3권, 4권 등이 시리즈로 쭈~욱 나오길 기대해봅니다.

추천인 프로필
·교재개발학 석사 ·「스샘과 에릭의 영어문장 2000 듣고만 따라 말하기」 저자

▪ 김미래

영어는 덩어리로 이루어진 언어이다. 그렇기 때문에 덩어리 통째로 공부한 영어야말로 우리의 머릿속에 오래 남을 수 있다. '청크 스토리'는 영어의 덩어리, 즉 "chunk"를 스토리 속에 녹여내어 영어를 그 본연의 모습 그대로 받아들일 수 있도록 해준다.

깔끔한 구성과 실제적인 맥락 속에서 영어와 친해지며, 활용도 높은 패턴에 대한 응용력은 물론 영어에 대한 자신감도 자연스럽게 자리 잡을 것이다.

교사들의 영어 수업 교재로서도, 학생들의 자기주도 학습 교재로서도 매우 훌륭한 교재이다.

추천인 프로필

· 현 서울 장평중 영어교사
· 연세대학교 Tesol 자격증 수료
· 한국외국어대학교 영어교육과 및 영어학과 학사 졸업
· 서울대학교 AI융합교육학과 석사 재학 중

· 염성희

긍정적이고 따뜻한 에너지로 학생들과 동료 교사에게 큰 힘을 주고 계시는 이선 선생님의 책에 추천의 말씀을 올리게 되어 큰 영광입니다.

이번에 출간하시는 〈청크 스토리〉는 기초 영어 회화 학습에 중요한 청크 표현을 담고 있으며 학교 영어 수업 현장에서 간과하기 쉬운 청크 표현의 발음, intonation, 끊어 읽기 등을 다루고 있습니다. 독해와 문법 등에 치중하여 수업을 진행하다보면 정작 의사소통에 필수적인 발음, 의미 단어를 강조한 끊어 읽기 등을 놓치기 십상입니다.

교과서 각 단원마다 회화 파트가 있지만 본격적인 연습과 활용을 할 시간적 여유도 자료도 부족합니다. 학교 현장에서 수업을 하시면서 회화 파트를 다루실 때 〈청크 스토리〉를 주교재 혹은 부교재로 활용하시면 어떨까요? 영어를 막 배우기 시작한 학생들에게 자신감과 유창성을 길러 줄 의미 있는 시간을 만드시리라 생각합니다!

추천인 프로필

· 경기도 김포중학교 재직 중인 22년차 영어교사
· (현) 국제영어대학원대학교에서 연수 중
· 부산, 경기도 중고등학교 및 카이스트 부설 한국과학영재학교 파견 근무

CONTENTS

서문 ··· 004

등장인물 ··· 008

구성과 특징 ··· 010

'청크 스토리' 활용방안 ··· 012

추천사 ··· 017

UNIT 01 – 청크 가족 이사 오는 날! ··· 027

UNIT 02 – Mr. Chunk가 제일 잘 나가! ··· 033

UNIT 03 – 가족의 탄생! ··· 039

UNIT 04 – Chunky 집에서 생긴 일! ··· 045

UNIT 05 – 이웃과의 대화 ··· 051

UNIT 06 – 저희 집에도 오실래요? ··· 057

UNIT 07 – V-mart로 어떻게 가죠? ··· 063

UNIT 08 – 버스 정류장에서 생긴 일! ··· 069

UNIT 09 – 너의 힘은 비밀이야! ··· 075

UNIT 10 – 버스 안에서 ··· 081

UNIT 11 – 범죄 현장 목격! ··· 087

UNIT 12 – 도와주세요! ··· 093

UNIT 13 – 경찰서에서 생긴 일 ··· 099

UNIT 14 – 범인을 찾아라! ··· 105

UNIT 15 – 범인 체포 성공!   …   111

UNIT 16 – 경찰서에서 걸려온 전화   …   117

UNIT 17 – Chunky가 태어나던 날   …   123

UNIT 18 – 초능력을 가지고 태어난 아이   …   129

UNIT 19 – 일하기 힘든 날   …   135

UNIT 20 – Mr. Chunk가 혼난 날   …   141

UNIT 21 – 직장생활은 힘들어!   …   147

UNIT 22 – 우울한 하루   …   153

UNIT 23 – 힘을 주는 하루   …   159

UNIT 24 – 그 시절이 떠올라요   …   165

UNIT 25 – 쇼핑은 즐거워   …   171

UNIT 26 – 아이들을 찾아주세요   …   177

UNIT 27 – 아이들을 찾아주세요   …   183

UNIT 28 – 당신을 위해 할 수 있는 일이?   …   189

UNIT 29 – Mr. Gang과 Mr. Evil이 만난 날 …   195

UNIT 30 – 도대체 왜 잡힌거야?   …   201

<정답지>   …   207

청크 스토리
Chunk Story

UNIT

01 청크 가족 이사 오는 날!

scene 1 안부를 묻는 표현 'How are you doing?'
scene 2 소개하는 표현 'I'd like to introduce~.'
scene 3 직업을 묻는 표현 'What do you do for a living?'

▶TODAY'S DIALOGUE

Scene 1

Mr. Chunk: Hello! **How are you doing?**
　　　　　　Nice to meet you.

Jack: Nice to meet you, too!
　　　It's not often we get new neighbors.

Scene 2

Jack: What is your name?

Mr. Chunk: **I'd like to introduce myself.**
　　　　　　My name is Chunk.

Scene 3

Jack: Where are you from?
　　　And **what do you do for a living?**

SCENE 1 이웃과의 첫 만남

안부를 묻는 표현 'How are you doing?'에 대해서 배워봅시다.

▶CHECK IT! 그림을 보고 알맞은 답을 골라봅시다.

Dad Chunk(Mr. Chunk)

Q. What does Mr. Chunk want to say?

☐ How is she doing? Nice to meet you!

☐ How are you doing? Nice to meet you!

☐ How is he doing? Nice to meet you!

* 모든 단원의 Check It 정답은 Scene Script의 굵은 글씨를 참고하세요.

▶SCENE SCRIPT

Jack: Hello! / **How are you doing?** / Nice / to meet you!

안녕하세요! / 어떻게 지내세요? / 반갑습니다! / 당신을 만나서

Mr. Chunk: Nice / to meet you, too! / It's not often / we get new neighbors.

반가워요! / 당신을 만나서, 저도! / 자주 있는 일이 아니라서요. / 우리가 새 이웃을 맞이하는 게

▶STUDY & SPEAK IT! 표현을 익히고 발음해봅시다.

How are you doing?↷

▷형태: How + be동사 + 주어 + doing?

▷해석: 어떻게 지내세요?   ▷의미: 다른 사람과 만났을 때 안부를 묻는 표현

주어에 따라 be동사가 바뀐다는 것에 주의해요. 'How are you doing?'은 'How is it going?', 'How's everything?'으로 바꿔 쓸 수 있어요. how는 [하우]라고 읽어요. 빨간색 진한 부분을 강하게 읽으세요.

1. 그녀는 어떻게 지내고 있나요? / 그녀는 잘 지내나요?
   How is she doing? ↷ / Is she OK? ↶
2. 당신은 어떻게 지내고 있나요? / 당신은 잘 지내나요?
   How are you doing? ↷ / Are you OK? ↶
3. 그는 어떻게 지내고 있나요? / 그는 잘 지내나요?
   How is he doing? ↷ / Is he OK? ↶

SCENE 2

소개하기

소개하는 표현 'I'd like to introduce~.'에 대해서 배워봅시다.

▶CHECK IT! 그림을 보고 알맞은 답을 골라봅시다.

Q. What does Mr. Chunk want to say?

☐ I'd like to introduce myself.

☐ I'd like to introduce Chunky to you.

☐ I'd like to introduce my father to Speedy.

* 모든 단원의 Check It 정답은 Scene Script의 굵은 글씨를 참고하세요.

▶SCENE SCRIPT

Jack: What is your name?

　　　이름이 뭐죠?

Mr. Chunk: **I'd like / to introduce myself.** / My name is / Chunk.

　　　저는 하고 싶어요. / 저를 소개하는 것을 / 제 이름은 / Chunk에요.

▶STUDY & SPEAK IT! 표현을 익히고 발음해봅시다.

　　I'd like to / introduce myself.⌒

▷형태: I'd like to introduce~

▷해석: 저는 ~을 소개하고 싶어요.　　▷의미: 소개하는 표현

'I'd like to'는 'I would like to'를 줄인 말이에요. 'would like to'는 '~하고 싶다'
라는 의미입니다. myself는 재귀대명사로 아래 표와 같이 다양하게 쓰일 수 있어요.

myself	나 자신	yourself	너 자신	himself	그 자신
herself	그녀 자신	ourselves	우리 자신	themselves	그들 자신

'Let me introduce myself.'도 자기소개를 하는 표현으로 자주 쓰여요.

'like to'에서 (라이크 투)가 아니라 (라익 투)로 발음합니다. 빨간색 글씨를 강조하면서 읽어보세요.

1. 나는 하고 싶어요. / (무엇을) 나를 소개하는 것을
　　I'd like to / introduce myself. ⌒

2. 나는 하고 싶어요. / (무엇을) Chunky를 소개하는 것을 / (누구에게) 당신에게
　　I'd like to / introduce Chunky / to you. ⌒

3. 나는 하고 싶어요. / (무엇을) 나의 아빠를 소개하는 것을 / (누구에게) Speedy에게
　　I'd like to / introduce my father / to Speedy. ⌒

UNIT 01 - 청크 가족 이사 오는 날! 29

SCENE 3

직업이 무엇인가요?

직업을 묻는 표현 'What do you do for a living?'에 대해서 배워봅시다.

▶CHECK IT! 그림을 보고 알맞은 답을 골라봅시다.

Q. What does Jack ask Mr. Chunk?

☐ What does she do for a living?

☐ What do you do for a living?

☐ What does he do for a living?

*모든 단원의 Check It 정답은 Scene Script의 굵은 글씨를 참고하세요.

▶SCENE SCRIPT

Jack: Where are you from? / And **what do you do / for a living?**

어디에서 오셨나요? / 그리고 (직업으로) 뭐하세요? / 생계 수단으로

▶STUDY & SPEAK IT! 표현을 익히고 발음해봅시다.

What do you do / for a liVing?⤴

▷**형태:** What + do/does + 주어 + do + for a living?

▷**해석: 무슨 일을 하세요?**　　▷**의미: 상대방의 직업을 묻는 표현**

'for a living'은 '생계수단으로'라는 의미에요.

직역하면 '당신은 생계수단으로 무엇을 합니까?'라고 해석할 수 있겠네요.

for a를 [폴어]가 아니라 [포러]라고 연결해서 읽어요.

강세를 받지 않는 검정색 단어들은 자연스레 붙여서 발음하세요.

1. 그녀는 무엇을 하나요? / (무엇을 위해) 생계를 위해서

　What does she do　/　for a liVing?⤴

2. 당신은 무엇을 하나요? / (무엇을 위해) 생계를 위해서

　What do you do　/　for a liVing?⤴

3. 그는 무엇을 하나요? / (무엇을 위해) 생계를 위해서

　What does he do　/　for a liVing?⤴

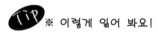
※ 이렇게 읽어 봐요!
1. 지휘를 하듯이 읽기
2. 어깨를 으쓱, 머리를 위아래로
　강세 따라 읽기

청크 가족 이사 오는 날!

지금까지 배운 내용을 참고하여 문제를 풀어봅시다.

▶PRACTICE IT!

I. 문장의 해석과 주어진 단어를 활용하여 빈칸을 채워봅시다.

　* 정답은 2번 문항에 있지만 보지 말고 혼자 힘으로 먼저 해보세요.

(1) 너의 조부모님은 잘 지내시니? (grandparents: 조부모님)

　_____ are your _____ doing?

(2) 너의 여동생들은 잘 지내니? (sisters: 여동생들)

　_____ are your _____ doing?

(3) 내 남자친구를 너에게 소개할게. (boyfriend: 남자친구)

　I'd ____ to _____ my _____ to you.

(4) 나의 사촌을 소개할게. (cousin: 사촌)

　I'd ____ to _____ my _____ to you.

(5) 당신의 부모님은 생계를 위해서 무엇을 하시나요? (parents: 부모님)

　_____ do your _____ do for a _____?

(6) 당신의 형은 생계를 위해서 무엇을 하나요? (brother: 형 또는 남동생)

　_____ does your _____ do for a _____?

2. 빨간색 글씨에 강세를 두어 문장을 자연스럽게 읽어봅시다. 한 번씩 읽을 때마다 옆에 있는 네모 박스에 체크(√) 표시를 해보세요. 총 5번씩 읽어보세요.

(1) How are your **grand**parents **do**ing?⌢ ☐☐☐☐☐

(2) How are your **sis**ters **do**ing?⌢ ☐☐☐☐☐

(3) I'd like / to intro**duce** my **boy**friend / to you.⌢ ☐☐☐☐☐

(4) I'd like / to intro**duce** my **cou**sin / to you.⌢ ☐☐☐☐☐

(5) What do your **par**ents do / for a **liv**ing?⌢ ☐☐☐☐☐

(6) What does your **bro**ther do / for a **liv**ing?⌢ ☐☐☐☐☐

▶TRY IT! Do it yourself.

I. 각 그림과 그에 어울리는 표현을 연결하세요.

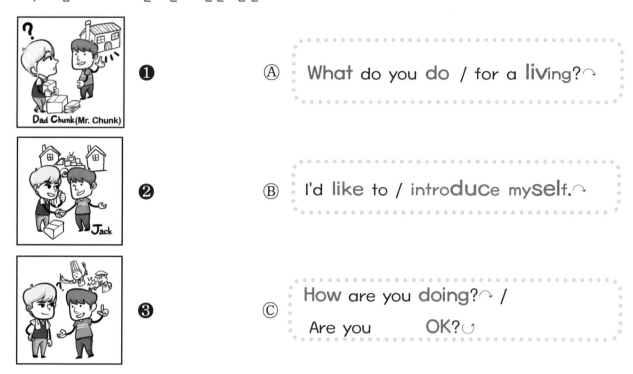

❶

Ⓐ What do you do / for a living?⌢

❷

Ⓑ I'd like to / introduce myself.⌢

❸

Ⓒ How are you doing?⌢ /
Are you   OK?⌣

2. 그림과 의미를 보고, 빈칸에 알맞은 영어 표현을 써본 뒤 말해보세요.

① 나는 하고 싶어요.   나를 소개하기를

② 잘 지내니?   괜찮니?

③ 너는 무엇을 하니?   생계를 위해서

Well begun is half done.
시작이 반이다.
- proverb

02 Mr. Chunk가 제일 잘 나개!

UNIT

scene 1 과거의 습관을 나타내는 표현 'used to'
scene 2 감사 인사할 때 쓰는 표현 'Thank you for~'
scene 3 수락 여부를 묻는 표현 'Would you accept~?'

▶TODAY'S DIALOGUE

Scene 1

Mr. Chunk :
My job, hmm~ It has been a long time.
I was a superhero.

I used to save people from danger and defeat villains.

Many people loved and praised me for my heroic actions.

Scene 2

Young Mr. Chunk :
Thank you for your kindness, citizens.

Citizens : We love you, Mr. Chunk.

Scene 3

Mr. Chunk :
One day, I met a beautiful lady who had some superpowers, and I fell in love with her at first sight.

Young Mr. Chunk : **Would you accept my proposal**, my beautiful lady?

Young Ms. Chunk : Oh, yes. I'd love to.

UNIT 02 - Mr. Chunk가 제일 잘 나개! 33

당신은 우리의 영웅!

과거의 습관을 나타내는 표현 'used to'에 대해서 배워봅시다.

▶CHECK IT! 그림을 보고 알맞은 답을 골라봅시다.

Q. What did Dad Chunk used to do?

☐ He used to go fishing.

☐ He used to save people.

☐ He used to play soccer.

▶SCENE SCRIPT

Mr. Chunk : My job, hmm~ / It has been a long time. / I was a superhero.

제 직업은, 음~ / 아주 오래 되었어요. / 저는 영웅이었어요.

I used to / save people / from danger / and defeat villains.

저는 하곤 했어요./사람들을 구하고/ 위험에 처한 / 그리고 악당들을 무찌르고

Many people loved / and praised me / for my heroic actions.

많은 사람들이 저를 사랑했고/저에게 찬사를 보냈지요./저의 영웅적 행동에 대해

▶STUDY & SPEAK IT! 표현을 익히고 발음해봅시다.

I used to / save peOple. ↷

▷형태: 주어 + **used to** + 동사원형

▷해석: (과거에) ~하곤 했다.   ▷의미: 과거의 규칙적인 습관

'used to + 동사원형'은 현재에는 하지 않지만, 과거에 규칙적으로 했던 습관을 나타낼 때 사용해요. used to는 [유즈드 투]에서 연음이 되어서 [유스투]로 발음해요. 빨간색 진한 부분을 강하게 읽어 봅시다.

I. 나는 하곤 했다. / (무엇을) 낚시하러 가는 것을

I used to / go fiShing. ↷

2. 나는 하곤 했다. / (무엇을) 사람을 구하는 것을

I used to / save peOple. ↷

3. 나는 하곤 했다. / (무엇을) 축구하는 것을

I used to / play SOCcer. ↷

Mr. Chunk의 과거

감사 인사할 때 쓰는 표현 'Thank you for~'에 대해서 배워봅시다.

▶CHECK IT! 그림을 보고 알맞은 답을 골라봅시다.

Q. What does Dad Chunk Mr. Chunk say to people?

☐ Thank you for saving my life.

☐ Thank you for your kindness.

☐ Thank you for the music.

▶SCENE SCRIPT

Young Mr. Chunk : Thank you / for your kindness, / citizens.

감사드립니다. /　　당신들의 친절에　　 / 시민 여러분

Citizens : We love you, / Mr. Chunk.

우리는 당신을 사랑해요, / 청크씨.

▶STUDY & SPEAK IT! 표현을 익히고 발음해봅시다.

Thank you / for your **kind**ness, / **Ci**tizens.⌢

▷형태: Thank you for + 이유(동사+~ing 또는 명사)

▷해석: (이유)에 대해 감사합니다.　　　▷의미: 감사를 표현

Thank you for 다음에 감사한 이유에 대해 '동사+~ing' 또는 '명사'를 덧붙여 왜 감사한지 표현해 줄 수 있어요. 만화에서 보다시피 Mr. Chunk가 시민들의 친절에 감사를 표현하고 있죠? Thank you는 [땡ㅋ 유]에서 연음이 되어서 [땡뀨]로 발음해요.
빨간색 진한 부분을 강하게 읽어봅시다.

1. 감사합니다. / (무엇에) 생명을 구해준 것에
   Thank you / for **sa**ving my life. ⌢

2. 감사합니다. / (무엇에) 당신의 친절에
   Thank you / for your **kind**ness. ⌢

3. 감사합니다. / (무엇에) 그 음악에
   Thank you / for the **mu**sic. ⌢

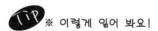

TIP ※ 이렇게 읽어 봐요!
1. 지휘를 하듯이 읽기
2. 어깨를 으쓱, 머리를 위아래로
강세 따라 읽기

SCENE 3

Mr. Chunk의 프로포즈!

수락 여부를 묻는 표현 'Would you accept~?'에 대해서 배워봅시다.

▶CHECK IT!

그림을 보고 알맞은 답을 골라봅시다.

Q. What does Mr. Chunk say to her?

☐ Would you accept this special offer?

☐ Would you accept my proposal?

☐ Would you accept my apologies?

▶SCENE SCRIPT

Mr. Chunk : One day, / I met a beautiful lady / who had some superpowers, /
어느 날, / 저는 아름다운 여인을 만났습니다. / 슈퍼파워를 지닌 /
and I fell in love with her / at first sight.
그리고 저는 반해 버렸습니다. / 첫눈에

Young Mr. Chunk : Would you accept / my proposal, / my beautiful lady?
제 청혼을 받아주시겠소, / 나의 아름다운 여인이여?

Young Ms. Chunk : Oh, yes. / I'd love to.
네, 물론이죠. / 좋아요.

▶STUDY & SPEAK IT! 표현을 익히고 발음해봅시다.

Would you acCEpt my proPOSal?↻

▷형태: Would you accept + (명사) ?

▷해석: 당신은 ~을 받아들이겠습니까?   ▷의미: 수락 여부를 묻는 표현

'accept'는 '수락하다, 받아들이다' 라는 뜻을 가진 동사에요.
'Would you'는 '~해 주시겠어요?'의 의미에요. 'Would you accept my proposal?'
은 'Would you marry me?'로 바꿔 쓸 수 있어요.
Would you는 [우드 유]에서 연음이 되어서 [우쥬]로 발음해요.
알파벳 크기가 커질수록 강하게 읽습니다. 강세와 연음에 주의해 읽어볼까요?

1. 당신은 받아들이겠습니까? / (무엇을) 나의 청혼을
   Would you acCEpt / my proPOSal? ↻
2. 당신은 받아들이겠습니까? / (무엇을) 이 특별 제안을
   Would you accept / this special offer? ↻
3. 당신은 받아들이겠습니까? / (무엇을) 나의 사과를
   Would you accept / my apologies? ↻

Mr. Chunk가 제일 잘 나가

지금까지 배운 내용을 참고하여 문제를 풀어봅시다.

▶PRACTICE IT!

1. 문장의 해석과 주어진 단어를 활용해 빈칸을 채워보세요.

　＊ 정답은 2번 문항에 있지만 보지 말고 혼자 힘으로 먼저 해보세요.

　(1) 나는 어렸을 때 친구들과 자주 놀곤 했다. (hang out: (친구들과) 놀다)

　　 I ＿＿＿＿ ＿＿＿＿ ＿＿＿＿ ＿＿＿＿ with my friends when I was little.

　(2) 그는 여가 시간에 책을 읽곤 했다. (read: 읽다)

　　 He ＿＿＿＿ ＿＿＿＿ ＿＿＿＿ books in his spare time.

　(3) 조언 감사합니다. (advice: 조언)

　　 ＿＿＿＿＿ ＿＿＿＿＿ for ＿＿＿＿＿ ＿＿＿＿＿.

　(4) 초대해 줘서 고마워. (invite: 초대하다)

　　 Thank you for ＿＿＿＿＿ me.

　(5) 기회를 받아들이시겠습니까? (chance: 기회)

　　 ＿＿＿＿＿ ＿＿＿＿＿ ＿＿＿＿＿ the ＿＿＿＿＿ ?

　(6) 저의 아이디어를 받아들이시겠습니까? (my ideas: 나의 아이디어)

　　 Would you accept ＿＿＿＿＿ ＿＿＿＿＿?

2. 빨간색 글씨에 강세를 두어 문장을 자연스럽게 읽어봅시다. 한 번씩 읽을 때마다 옆에 있는 네모 박스에 체크(√) 표시를 해보세요. 총 5번씩 읽어보세요.

　(1) I uSed to / hang out / with my friends.↗ ☐☐☐☐☐

　(2) He uSed to / read books / in his spare time.↗ ☐☐☐☐☐

　(3) Thank you / for your adVice.↗ ☐☐☐☐☐

　(4) Thank you / for inViting me.↗ ☐☐☐☐☐

　(5) Would you accept / the chance?↘ ☐☐☐☐☐

　(6) Would you accept / my ideas?↘ ☐☐☐☐☐

►TRY IT! Do it yourself.

1. 각 그림과 그에 어울리는 표현을 연결하세요.

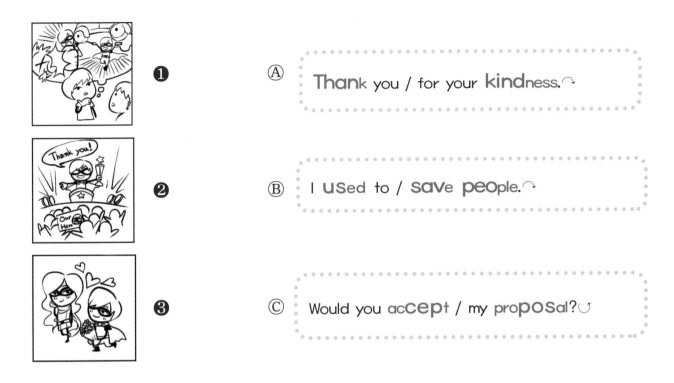

Ⓐ Thank you / for your kindness. ⌢

Ⓑ I used to / save people. ⌢

Ⓒ Would you accept / my proposal? ↺

2. 그림과 의미를 보고, 빈칸에 알맞은 영어 표현을 써본 뒤 말해보세요.

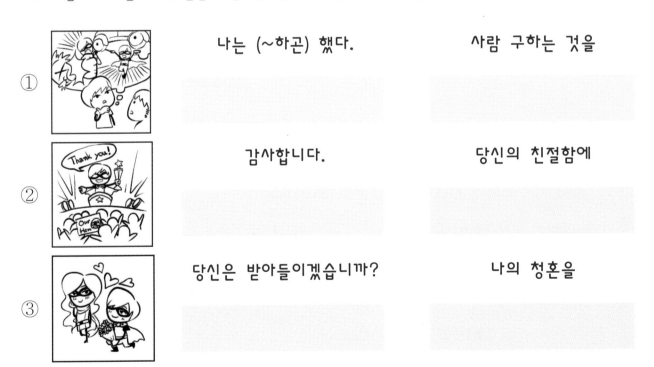

	나는 (~하곤) 했다.	사람 구하는 것을
①		
②	감사합니다.	당신의 친절함에
③	당신은 받아들이겠습니까?	나의 청혼을

I'll decide how I feel. I'll be happy today.
내 기분은 내가 정해. 난 오늘 행복할래.
- 'Alice in Wonderland' 중에서

UNIT
03 가족의 탄생!

scene 1 '~에서 태어나다'는 표현 'be born in~'
scene 2 이유를 나타내는 표현 'It's because~'
scene 3 기쁨을 나타내는 표현 'I am very delighted to~'

▶TODAY'S DIALOGUE
Scene 1

Mr. Chunk : After we got married,
my daughter and **my son,**
Chunky, were born in South korea.
With my babies growing, I had
to give up my heroic actions
and find a new job.

Scene 2

Mr. Chunk : I packed our stuff and moved
to a new city.
It's because this city is clean
and small. We wanted to
raise them in this peaceful city.

Scene 3

Ms. Chunk : Hello, I'm Ms. Chunk.
It's really nice of you to help my
husband to move our stuff.
Would you like some coffee?
Jack : It was not a big deal, ma'am.
Thank you for your kindness.
Ms. Chunk : **I am very delighted**
to invite you.

SCENE 1

Chunky, 태어나다!

'~에서 태어나다'는 표현 'be born in~'에 대해서 배워봅시다.

▶CHECK IT! 그림을 보고 알맞은 답을 골라봅시다.

Q. Where was your son born?

☐ My son was born in America.

☐ My son was born in South Korea.

☐ My son was born in Australia.

▶SCENE SCRIPT

Mr. Chunk : After we got married, / my daughter and my son, Chunky, / were born.
우리가 결혼한 후에, / 나의 딸과 아들, 청키가 / 태어났습니다.
With my babies growing, / I had to give up my heroic actions / and find a new job.
아이들이 자라면서, / 나는 나의 영웅적 행동들을 그만하고 / 새로운 직장을 찾아야 했습니다.

▶STUDY & SPEAK IT! 표현을 익히고 발음해봅시다.

My son was born / in South Korea. ⌢

▷형태: 주어 + be동사 + born in + 장소

▷해석: ~는 …에서 태어나다.   ▷의미: 주어가 태어난 장소를 나타냄

동사 'bear'는 '낳다'라는 뜻으로 bear의 동사변화는 'bear-bore-born'이에요.
'be born in~'은 '~에서 태어나다'라는 뜻이에요.
born in은 (본 인)이 아니라 (보어ㄹ닌)으로 연음하여 발음해요.

l. 나의 아들은 태어났다. / (어디서) 미국에서
My son was born / in America. ⌢
2. 나의 아들은 태어났다. / (어디서) 한국에서
My son was born / in South Korea. ⌢
3. 나의 아들은 태어났다. / (어디서) 호주에서
My son was born / in Australia. ⌢

청크 가족 이사하다!

이유를 나타내는 표현 'It's because~'에 대해서 배워봅시다.

▶CHECK IT! 그림을 보고 알맞은 답을 골라봅시다.

Q. Why did Chunky's family move to this city?

☐ It's because this city is noisy.

☐ It's because this city is clean.

☐ It's because this city is terrible.

▶SCENE SCRIPT

Mr. Chunk : I packed our stuff / and moved to a new city. / **It's because / this city is clean** and small.

저는 짐을 싸서 / 이사를 했습니다. / ~이기 때문에 / 이 도시는 깨끗하고 작기
We wanted / to raise them / in this peaceful city.
우리는 원했습니다. / 아이들을 키우기를 / 이런 평화로운 도시에서

▶STUDY & SPEAK IT! 표현을 익히고 발음해봅시다.

It's beCAUse / this City is clean.⌐

▷형태: It's because + 주어 + 동사 (이유)

▷해석: 그것은 ~때문이다.   ▷의미: 앞 문장에 대한 이유를 나타냄

because 뒤에는 '주어+동사'로 이루어진 절이 와야 하고, because of 뒤에는 '명사구'가 와야 합니다.
ex) I was late for school because of a traffic jam.
     나는 교통체증 때문에 학교에 지각했어요.
'this city'는 [디쓰 씨티]가 아니라 [딧-씨리]로 연음하여 발음해요.

1. 그것은 때문입니다. / (무엇) 이 도시가 시끄럽기
   It's beCAUse / this City is nOisy. ⌐
2. 그것은 때문입니다. / (무엇) 이 도시가 깨끗하기
   It's beCAUse / this City is clean. ⌐
3. 그것은 때문입니다. / (무엇) 이 도시가 끔찍하기
   It's beCAUse / this City is terrible. ⌐

SCENE 3

너무 기뻐요!

기쁨을 나타내는 표현 'I am very delighted to~'에 대해서 배워봅시다.

▶CHECK IT! 그림을 보고 알맞은 답을 골라봅시다.

Q. What does Ms. Chunk want to say?

☐ I am delighted to go on a vacation.

☐ I am delighted to invite you.

☐ I am delighted to get speedy delivery.

▶SCENE SCRIPT

Ms. Chunk : Hello, / I'm Ms. Chunk./ It's really nice / of you / to help my husband
안녕하세요. / 저는 청크 부인입니다. / 정말 친절하시군요. / 당신은 / 제 남편을 도와주시다니

to move our stuff. / Would you like / some coffee?
물건을 옮기는 것을 / 하시겠어요? / 커피라도 한잔

Jack : It was not a big deal, / ma'am. / Thank you / for your kindness.
별일도 아닌 걸요. / 부인 / 감사합니다. / 친절을 베풀어 주셔서

Ms. Chunk : I am very delighted / to invite you.
저는 매우 기쁩니다. / 당신을 초대하게 되어

▶STUDY & SPEAK IT! 표현을 익히고 발음해봅시다.

I am very de**ligh**ted / to in**vite** you.⤴

▷형태: I am + (very) delighted / to + 동사원형~.

▷해석: 나는 ~해서 (매우) 기뻐.   ▷의미: 기쁜 감정의 이유를 나타냄

'delighted'는 '기쁜'이라는 뜻으로 'glad', 'happy', 'pleased'로 바꿔 쓸 수 있어요.
delighted to를 발음할 때, delighted의 ed와 to가 연음이 되어 하나의 소리처럼 발음해요.
[딜라이릿투]로 연결해서 읽어요. invite you도 [인바잇츄]로 붙여서 발음하세요.

1. 나는 기쁘다. / (왜) 휴가를 가게 되어서
I am de**ligh**ted / to go on a va**ca**tion. ⤴

2. 나는 기쁘다. / (왜) 당신을 초대하게 되어서
I am de**ligh**ted / to in**vite** you. ⤴

3. 나는 기쁘다. / (왜) 빠른 배송에
I am de**ligh**ted / to get s**pee**dy de**li**very. ⤴

 ※ 이렇게 읽어 봐요!

1. 지휘를 하듯이 읽기
2. 어깨를 으쓱, 머리를 위아래로
   강세 따라 읽기

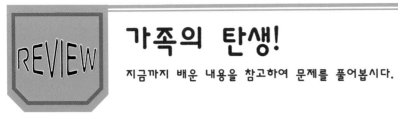

가족의 탄생!

지금까지 배운 내용을 참고하여 문제를 풀어봅시다.

▶PRACTICE IT!

1. 문장의 해석과 주어진 단어를 활용해 빈칸을 채워보세요.

   * 정답은 2번 문항에 있지만 보지 말고 혼자 힘으로 먼저 해보세요.

   (1) 나의 딸은 한국에서 태어났다. (be born in~: ~에서 태어나다)

   My daughter was _____ _____ South Korea.

   (2) 나의 남동생은 천안에서 태어났다. (be born in~: ~에서 태어나다)

   My brother was _____ _____ Cheonan.

   (3) 그것은 이 집이 넓기 때문이다. (spacious: 넓은)

   It's _____ this house is _____.

   (4) 그것은 이 학급이 시끄럽기 때문이다. (noisy: 시끄러운)

   It's _____ this class is _____.

   (5) 나는 당신과 함께 캠핑을 가게 되어 기쁘다. (go camping: 캠핑 가다)

   I am _____ to go _____ with you.

   (6) 나는 당신의 친구가 되어 기쁘다. (friend: 친구)

   I am _____ to be your _____.

2. 빨간색 글씨에 강세를 두어 문장을 자연스럽게 읽어봅시다. 한 번씩 읽을 때마다 옆에 있는 네모 박스에 체크(√) 표시를 해보세요. 총 5번씩 읽어보세요.

   (1) My **daugh**ter was **born** / in South Ko**rea**.⌒ ☐☐☐☐☐

   (2) My **bro**ther was **born** / in **Cheon**an.⌒ ☐☐☐☐☐

   (3) It's be**cause** / this **house** is **spa**cious.⌒ ☐☐☐☐☐

   (4) It's be**cause** / this **class** is **noi**sy.⌒ ☐☐☐☐☐

   (5) I am de**ligh**ted / to go **camp**ing with you.⌒ ☐☐☐☐☐

   (6) I am de**ligh**ted / to be your **friend**.⌒ ☐☐☐☐☐

▶TRY IT! Do it yourself.

1. 각 그림과 그에 어울리는 표현을 연결하세요.

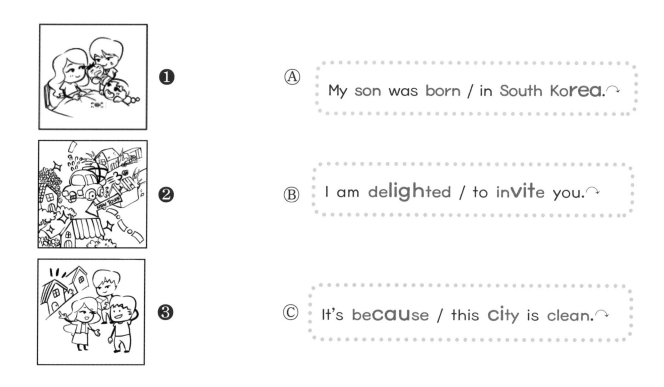

❶

Ⓐ My son was born / in South Korea.⤴

❷

Ⓑ I am delighted / to invite you.⤴

❸

Ⓒ It's because / this city is clean.⤴

2. 그림과 의미를 보고, 빈칸에 알맞은 영어 표현을 써본 뒤 말해보세요.

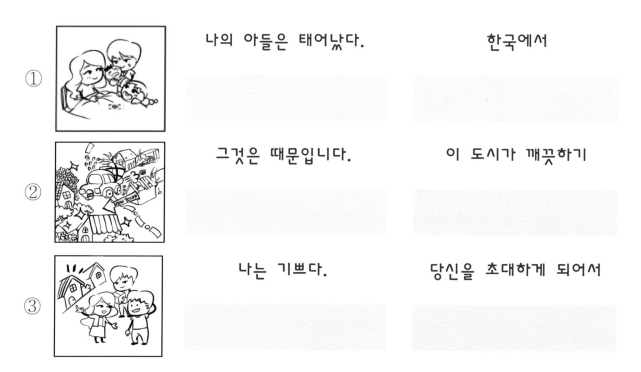

① 나의 아들은 태어났다.   한국에서

② 그것은 때문입니다.   이 도시가 깨끗하기

③ 나는 기쁘다.   당신을 초대하게 되어서

Luck is what happens when preparation meets
the opportunity. 행운이란 준비가 기회를 만났을 때 일어난다.
- Seneca

UNIT 04 Chunky 집에서 생긴 일!

scene 1 감탄하는 표현 'How nice your house is!'
scene 2 be동사의 부정 의문문 표현 'Isn't it~?'
scene 3 조심하라고 경고하는 표현 'Watch out for~'

▶TODAY'S DIALOGUE

Scene 1

Jack : Wow, **how nice your house is!**
       What a nice standing lamp!

Mr. Chunk : Thanks, have a seat, please.
            What kind of coffee do you want?

Scene 2

Jack : (breaks the pot) Uh oh, I made a
       mistake again.

Mr. Chunk : (gets surprised)
            What happened?
            Is your arm OK? Isn't it hurt?

Jack : I'm OK. It was too weak, maybe.

Scene 3

Sis Chunk : I'm going to get and hit you!

Chunky : Ha ha, you cannot defeat me.
         Catch me if you can!!

Ms. Chunk : Kids, **watch out for the table!**

SCENE 1 와우! 멋지네요.

감탄하는 표현 'How nice your house is!'에 대해서 배워봅시다.

▶CHECK IT! 그림을 보고 알맞은 답을 골라봅시다.

Q. What does Jack want to say?

☐ How nice your house is!
☐ How nice your dress is!
☐ How nice your car is!

▶SCENE SCRIPT

Jack : Wow, / how nice / your house is! / What a nice standing lamp!
　　　　와, / 멋지네요. / 당신의 집이! / 멋진 스탠드네요!

Mr. Chunk : Thanks, / have a seat, please. / What kind of coffee / do you want?
　　　　감사합니다, / 어서 앉으세요. / 어떤 종류의 커피를 / 원하세요?

▶STUDY & SPEAK IT! 표현을 익히고 발음해봅시다.

How niCe your house is! ↻

▷형태: How + 형용사 + 주어 + 동사!

▷해석: 당신의 집이 멋지네요!　　▷의미: 감탄을 나타내는 표현

'What a(n) + 형용사 + 명사 + (주어 + 동사)!'의 형태도 가능해요.
What a nice house you have!로 바꿔쓸 수 있어요.
빨간색 부분을 강조해서 읽어보세요.

1. 멋지네요! / (무엇이) 당신의 집이
　 How nice / your house is! ↻
2. 멋지네요! / (무엇이) 당신의 옷이
　 How nice / your dress is! ↻
3. 멋지네요! / (무엇이) 당신의 차가
　 How nice / your car is! ↻

괜찮아요? 다친 거 아니에요?

be동사의 부정 의문문 표현 'Isn't it~?'에 대해서 배워봅시다.

▶CHECK IT! 그림을 보고 알맞은 답을 골라봅시다.

Q. What does Jack want to say?
- ☐ Is your leg OK? Isn't it hurt?
- ☐ Is your arm OK? Isn't it hurt?
- ☐ Is your head OK? Isn't it hurt?

▶SCENE SCRIPT

Jack : (breaks the pot) Uh oh, / I made a mistake / again.
　　　　(포트를 깨고)　　오호 이런, / 제가 실수를 했네요. / 또

Mr. Chunk : (gets surprised) What happened? / Is your arm OK? / Isn't it hurt?
　　　　　(놀라며)　　　무슨 일인가요? / 팔은 괜찮으세요? / 다친 곳은 없으세요?

Jack : I'm OK. / It was too weak, / maybe.
　　　저는 괜찮습니다. / 이게 너무 약한가 봅니다, / 아마도.

▶STUDY & SPEAK IT! 표현을 익히고 발음해봅시다.

Is your arm OK?↻ / Isn't it hurt?↻

▷형태: Is + 주어 + OK?　Isn't + 주어 + hurt?

▷해석: (주어)가 괜찮나요? (주어)가 다친 것 아니에요?

▷의미: 주어가 괜찮은지 다친 것은 아닌지 상태를 묻는 표현

'isn't'는 'is not'을 줄여 쓴 말입니다. 주어의 인칭, 수에 따라 be동사의 형태가
달라진다는 것에 유의해주세요.

ex) Are your arms OK? / Aren't they hurt?

isn't it을 발음할 때 [이즌잇]이라고 읽어요.

1. 당신 다리 괜찮아요? / 다친 것 아니에요?
　Is your leg OK? ↻ / Isn't it hurt? ↻

2. 당신 팔 괜찮아요? / 다친 것 아니에요?
　Is your arm OK? ↻ / Isn't it hurt? ↻

3. 당신 머리 괜찮아요? / 다친 것 아니에요?
　Is your head OK? ↻ / Isn't it hurt? ↻

조심해!

조심하라고 경고하는 표현 'Watch out for~'에 대해서 배워봅시다.

▶CHECK IT! 그림을 보고 알맞은 답을 골라봅시다.

Q. What does Mom Chunk want to say?

☐ Watch out for the car.

☐ Watch out for the rock.

☐ Watch out for the table.

▶SCENE SCRIPT

Sis Chunk : I'm going / to get and hit you!
　　　　　　나는 할 거야. / 너를 잡아서 때릴 거야

Chunky : Ha ha, / you cannot defeat me. / Catch me / if you can!
　　　　하하. 　/ 넌 나를 못 이길걸. / 잡아봐! 　/ 잡을 수 있으면

Ms. Chunk : Kids, / **watch out / for the table!**
　　　　　애들아, / 조심해라! / 탁자를

▶STUDY & SPEAK IT! 표현을 익히고 발음해봅시다.

Watch **out** / for the **ta**ble.⌒

▷형태: Watch out for + 명사

▷해석: ~을 조심해.　　　　▷의미: 조심하라고 경고하는 표현

'watch out for + 명사'는 '~을 조심하다'라는 뜻을 가진 숙어에요.
'Watch out.'은 '(위험하니까) 조심해라.'라는 뜻이에요.
watch out은 [와취아웃]이 아니라 자연스럽게 [와챠웃]으로 연결해서
발음해요. 강세를 받지 않는 부분은 자연스레 붙여서 발음하세요.

1. 조심해. / (무엇을) 차를
Watch **out** / for the **car.** ⌒

2. 조심해. / (무엇을) 바위를
Watch **out** / for the **rock.** ⌒

3. 조심해. / (무엇을) 테이블을
Watch **out** / for the **table.** ⌒

Chunky 집에서 생긴 일!

지금까지 배운 내용을 참고하여 문제를 풀어봅시다.

▶PRACTICE IT!

I. 문장의 해석과 주어진 단어를 활용하여 빈칸을 채워봅시다.

정답은 2번 문항에 있지만 보지 말고 혼자 힘으로 먼저 해보세요.

(1) 당신의 사랑이 위대하네요! (great: 위대한)

How _____ your _____ is!

(2) 너의 선생님은 현명하시구나! (wise: 현명한)

How _____ your _____ is!

(3) 당신 손가락 괜찮아요? (finger: 손가락)

Is _____ _____ OK?

(4) 당신 노트북 괜찮아요? (laptop: 노트북)

Is _____ _____ OK?

(5) 기차를 조심해. (train: 기차)

Watch _____ _____ the _____.

(6) 미끄러운 바닥을 조심해. (slippery: 미끄러운)

Watch _____ _____ the _____ _____.

2. 빨간색 글씨에 강세를 두어 문장을 자연스럽게 읽어봅시다. 한 번씩 읽을 때마다 옆에 있는 네모 박스에 체크(√) 표시를 해보세요. 총 5번씩 읽어보세요.

(1) How **grea**t / your love **is**!↺

(2) How **wise** / your **tea**cher is!↺

(3) Is your **fin**ger OK?↺

(4) Is your **lap**top OK?↺

(5) Watch **out** / for the **train**.↷

(6) Watch **out** / for the **slippery floor**.↷

▶TRY IT! Do it yourself.

1. 각 그림과 그에 어울리는 표현을 연결하세요.

❶

Ⓐ Watch **out** / for the **ta**ble.⤴

❷

Ⓑ Is your **arm** OK?↺ /
Isn't it **hurt**?↺

❸

Ⓒ How **nice** / your house is!↺

2. 그림과 의미를 보고, 빈칸에 알맞은 영어 표현을 써본 뒤 말해보세요.

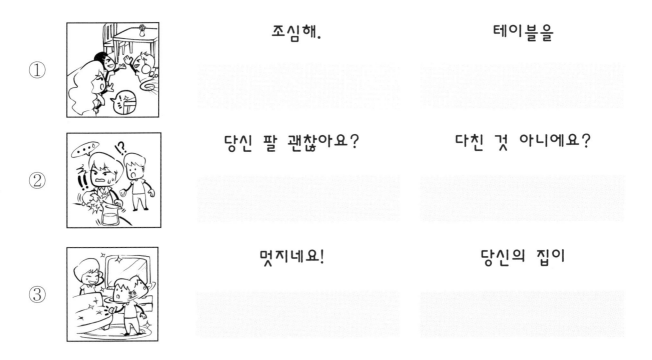

① 조심해.   테이블을

② 당신 팔 괜찮아요?   다친 것 아니에요?

③ 멋지네요!   당신의 집이

Slow and steady wins the race.
일을 급히 서두르면 망친다.
- proverb

UNIT

05 이웃과의 대화

scene 1 금지를 나타내는 표현 'should not + 동사원형'
scene 2 장소를 나타내는 표현 'where'
scene 3 '~하기를 좋아하다'라고 말하는 표현 'like to + 동사원형'

▶TODAY'S DIALOGUE

Scene 1

Ms. Chunk : How many times did you do this? Why don't you listen? **You should not run in the kitchen**, understand?

Sis Chunk & Chunky : Sorry, mom.

Scene 2

Jack : (points at the kitchen) Is everything alright there?

Mr. Chunk : Don't mind it. Anyway, I want to know more about this town. **Where do you like to go shopping?**

Jack : Well, I think V-mart is great.

Scene 3

Jack : My family often goes there when we are free or have something to buy.

Mr. Chunk : By the way, how is your wife?

Jack : Oh, **my wife likes to look after our kids.** She is a good mom.

그러면 안 돼!

금지를 나타내는 표현 'should not + 동사원형'에 대해서 배워봅시다.

▶CHECK IT! 그림을 보고 알맞은 답을 골라봅시다.

Q. What does Mom Chunk say to scold her children?

☐ You should not run in the kitchen.

☐ You should not sleep in the kitchen.

☐ You should not scream in the kitchen.

▶SCENE SCRIPT

Ms. Chunk : How many times / did you do this? / Why don't you listen?
얼마나 자주 / 너희들은 이렇게 행동했니? 너희들 왜 이렇게 말을 안 듣니?
You should not run / in the kitchen, / understand?
너희들은 뛰어서는 안 된다. / 부엌에서, / 알겠니?

Sis Chunk& Chunky : Sorry, mom.
죄송해요, 엄마.

▶STUDY & SPEAK IT! 표현을 익히고 발음해봅시다.

You should **not** run in the **kit**chen.⌒

▷**형태:** You should not + 동사원형

▷**해석:** 당신은 ~하면 안돼요.　　▷**의미:** 금지를 나타내는 표현

should는 '~해야 한다', '~하는 것이 좋겠다'라는 뜻의 의무, 충고를 나타내는 표현이에요.
should not은 '~하면 안 된다'는 금지의 의미를 가지게 됩니다.
shouldn't로 줄여 쓸 수 있어요. 청크(의미단위)로 끊어 빨간색 큰 글씨는 더 강하게 읽으세요.
'should not'을 빠르고 강하게 읽으면 더욱 자연스러워요.

1. 뛰면 안돼요. / (어디에서) 부엌에서
You should **not** run / in the **kit**chen. ⌒

2. 자면 안돼요. / (어디에서) 부엌에서
You should **not** sleep / in the **kit**chen. ⌒

3. 소리 지르면 안돼요. / (어디에서) 부엌에서
You should **not** scream / in the **kit**chen. ⌒

어떤 곳이 좋나요?

장소를 나타내는 표현 'where'에 대해서 배워봅시다.

▶CHECK IT! 그림을 보고 알맞은 답을 골라봅시다.

Q. What does Dad Chunk ask to Jack?

☐ Where do you like to play soccer?

☐ Where do you like to go shopping?

☐ Where do you like to eat out for dinner?

▶SCENE SCRIPT

Jack : (points at the kitchen) Is everything alright there?
　　　 (부엌을 가리키며)　　　　　모두 괜찮아진 건가요?

Mr. Chunk : Don't mind it. / Anyway, / I want to know more / about this town.
　　　　　 신경 쓰지 마세요. / 어쨌든, / 저는 더 알고 싶습니다. / 이 마을에 대하여
　　　　　 Where do you like / to go shopping?
　　　　　 당신은 어떤 곳을 좋아하나요? / 쇼핑하러 가기에

Jack : Well, / I think / V-mart is great.
　　　 음, / 제 생각에는 / V-마트가 좋은 것 같아요.

▶STUDY & SPEAK IT! 표현을 익히고 발음해봅시다.

Where do you like to go **shop**ping?⌢

▷형태: Where + do/does + 주어 + like to + 동사원형~?

▷해석: (주어)는 어디에서 ~하는 것을 좋아하나요?

▷의미: 장소에 대한 선호를 묻는 표현

where 이외에도 다양한 의문사가 있어요. 아래 표를 참고하세요.

who	누구	what	무엇	when	언제
where	어디서	why	왜	how	어떻게

'like to'는 (라이크 투)가 아니라 (라익투)로 발음해요.

1. 어디가 좋아요?　　/ (무엇을 하기에) 축구경기 하기에?
   Where do you like / to play **SOC**cer? ⌢

2. 어디가 좋아요?　　/ (무엇을 하기에) 쇼핑하기에?
   Where do you like / to go **shop**ping? ⌢

3. 어디가 좋아요?　　/ (무엇을 하기에) 저녁 외식 하기에?
   Where do you like / to eat **out** for **din**ner? ⌢

제 아내는요…

'~하기를 좋아하다'라고 말하는 표현 'like to + 동사원형'에 대해서 배워봅시다.

▶CHECK IT! 그림을 보고 알맞은 답을 골라봅시다.

Q. What does your wife like to do?
- ☐ My wife likes to go camping.
- ☐ My wife likes to climb mountains.
- ☐ My wife likes to look after our kids.

▶SCENE SCRIPT

Jack : My family often goes there / when we are free /
or have something / to buy.
저희 가족들은 종종 거기에 갑니다. / 우리가 시간이 남을 때 /
또는 ~것이 있을 때 / 살 것이

Mr. Chunk : Oh, I see. / By the way, / how is your wife?
그렇군요. / 그런데, / 당신의 아내는 어떤가요?

Jack : Oh, / my wife likes / to look after our kids. / She is a good mom.
오, / 제 아내는 ~하는 것을 좋아합니다. / 아이들 돌보는 것을 / 그녀는 좋은 엄마입니다.

▶STUDY & SPEAK IT! 표현을 익히고 발음해봅시다.

My wife likes to look after our kids.⌐

▷형태: like to + 동사원형

▷해석: ~하는 것을 좋아한다   ▷의미: 좋아하는 것이 무엇인지 나타내는 표현

'like to + 동사원형'은 'like + ~ing'로 바꿔 쓸 수 있어요.
'look after'는 '돌보다'라는 뜻으로 'take care of'로 바꿔 쓸 수 있어요.
내용어(content words)인 빨간색 글씨를 강조하며 발음해보세요.

1. 제 아내는 좋아합니다. / (무엇을) 캠핑하러 가는 것을
My wife likes / to go camping. ⌐

2. 제 아내는 좋아합니다. / (무엇을) 등산을
My wife likes / to climb mountains. ⌐

3. 제 아내는 좋아합니다. / (무엇을) 아이들 돌보는 것을
My wife likes / to look after our kids. ⌐

▶PRACTICE IT!

I. 문장의 해석과 주어진 단어를 활용하여 빈칸을 채워봅시다.

* 정답은 2번 문항에 있지만 보지 말고 혼자 힘으로 먼저 해보세요.

(I) 도서관에서 말하면 안돼요. (library: 도서관)

　　You should not ＿＿＿＿ in the ＿＿＿＿＿＿.

(2) 복도에서 뛰면 안돼요. (hallway: 복도)

　　You should not ＿＿＿＿ in the ＿＿＿＿＿.

(3) 소풍 가기에 어디가 좋아요? (go on a picnic: 소풍가다)

　　Where do you like to go ＿＿＿＿ a ＿＿＿＿＿?

(4) 어디에서 파티를 여는 게 좋아요? (throw a party: 파티를 열다)

　　Where do you like to ＿＿＿＿ a ＿＿＿＿?

(5) 나의 남편은 낚시를 좋아해요. (go fishing: 낚시하러 가다)

　　My husband likes to ＿＿＿＿ ＿＿＿＿.

(6) 나의 친구는 컴퓨터 게임하는 것을 좋아해요. (game: 게임)

　　My friend likes to play ＿＿＿＿＿＿ ＿＿＿＿＿＿.

2. 빨간색 글씨에 강세를 두어 문장을 자연스럽게 읽어봅시다. 한 번씩 읽을 때마다 옆에 있는 네 모 박스에 체크(√) 표시를 해보세요. 총 5번씩 읽어보세요.

(I) You should **not spea**k / in the **lib**rary.⌒ ⬚⬚⬚⬚⬚

(2) You should **not run** / in the **hall**way.⌒ ⬚⬚⬚⬚⬚

(3) **Whe**re do you like / to **go** on a **pic**nic?⌒ ⬚⬚⬚⬚⬚

(4) **Whe**re do you like / to **throw** a **par**ty?⌒ ⬚⬚⬚⬚⬚

(5) My **hus**band likes / to **go fish**ing.⌒ ⬚⬚⬚⬚⬚

(6) My **frien**d likes / to **play** comp**u**ter **gam**es.⌒ ⬚⬚⬚⬚⬚

▶TRY IT! Do it yourself.

1. 각 그림과 그에 어울리는 표현을 연결하세요.

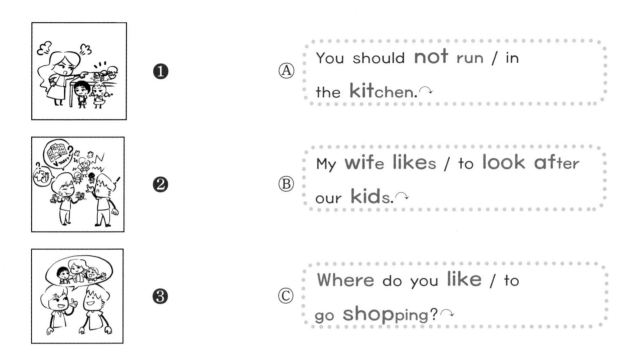

❶   Ⓐ You should **not** run / in the **kit**chen.⌒

❷   Ⓑ My **wife likes** / to **look af**ter our **kid**s.⌒

❸   Ⓒ Where do you **like** / to go **shop**ping?⌒

2. 그림과 의미를 보고, 빈칸에 알맞은 영어 표현을 써본 뒤 말해보세요.

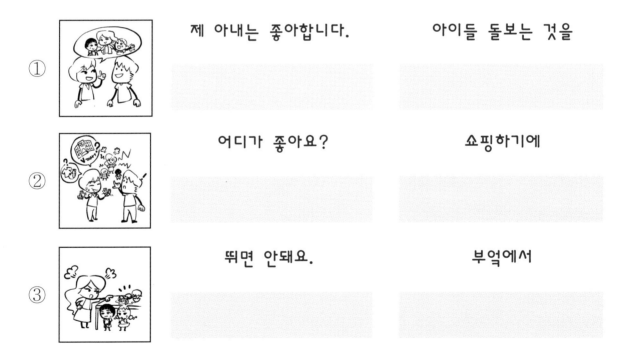

① 제 아내는 좋아합니다.   아이들 돌보는 것을

② 어디가 좋아요?   쇼핑하기에

③ 뛰면 안돼요.   부엌에서

> If you do nothing, nothing happens.
> 아무 것도 하지 않으면, 아무 일도 일어나지 않는다.
> - proverb

UNIT 06 저희 집에도 오실래요?

scene 1 주어의 의지를 나타내는 표현 'will not + 동사원형'
scene 2 제안하는 표현 'Why don't you~?'
scene 3 미뤄도 되는지 묻는 표현 'Can I take a rain check?'

▶TODAY'S DIALOGUE

Scene 1

Sis Chunk : If you hadn't bothered me, none of this would have happened!

Chunky : Next time, **I will not run in the kitchen.**

Sis Chunk : That's what I am saying!

Scene 2

Jack : Thank you for your kindness today. **Why don't you come over to my house?**

Scene 3

Mr. Chunk : I'd love to.
But I have to check my schedule.
Oh, I have a plan that day.
Can I take a rain check?
What about next Tuesday?

Jack : Good. My wife would be pleased, too.

SCENE 1 그래, 결심했어!

주어의 의지를 나타내는 표현 'will not + 동사원형'에 대해서 배워봅시다.

▶CHECK IT! 그림을 보고 알맞은 답을 골라봅시다.

Q. What does Chunky want to say to apologize for the mess?

☐ Next time, I will not shout.

☐ Next time, I will not run.

☐ Next time, I will not draw.

▶SCENE SCRIPT

Sis Chunk : If you hadn't bothered me, / none of this would have happened!

네가 날 귀찮게만 안했어도, / 이런 일은 일어나지 않았을 거야!

Chunky : **Next time, / I will not run / in the kitchen.**

다음에는, / 난 뛰지 않을 거야. / 부엌에서는

Sis Chunk : That's what I am saying! 그게 내가 하려는 말이야!

▶STUDY & SPEAK IT! 표현을 익히고 발음해봅시다.

Next time, I will not run / in the kitchen.⌢

▷형태: Next time, I will not + 동사원형~.

▷해석: 다음에는, ~하지 않을 것이다. ▷의미: 주어의 의지를 나타내는 표현

조동사 will은 '~할 것이다'라는 의미로 주어의 의지를 나타냅니다.
'will not'은 줄여서 'won't'로 나타낼 수 있어요. 'I will'을 줄여서 'I'll'로 쓸 수 있어요.
'I'll not shout', 'I won't shout.' 둘 다 문법적으로 맞지만, 'I won't shout.'가
회화에서 더 많이 쓰여요.
빨간색 글씨를 강조하면서 읽어보세요.

1. 다음에는, / 소리치지 않을 것이다.
   Next time, / I will **not**(= I won't) **shout**. ⌢
2. 다음에는, / 달리지 않을 것이다.
   Next time, / I will **not**(= I won't) **run**. ⌢
3. 다음에는, / 그리지 않을 것이다.
   Next time, / I will **not**(= I won't) **draw**. ⌢

SCENE 2 이건 어떤가요?

제안하는 표현 'Why don't you~?'에 대해서 배워봅시다.

▶CHECK IT! 그림을 보고 알맞은 답을 골라봅시다.

Q. What does Jack want to say?

☐ Why don't you come over to my office?

☐ Why don't you come over to my house?

☐ Why don't you come over to my school?

▶SCENE SCRIPT

Jack : Thank you / for your kindness / today.

감사합니다. / 이렇게 친절을 베풀어 주셔서 / 오늘 /

Why don't you / come over to my house?

어떠세요? 당신이 / 저의 집에 오시는 건

▶STUDY & SPEAK IT! 표현을 익히고 발음해봅시다.

Why don't you come over to my house?⤾

▷형태: Why don't you + 동사원형~?

▷해석: ~하지 않겠니? ~하는 것 어때?

▷의미: 제안하는 표현

주어 'you' 대신에 'we'나 'I'를 쓸 수 있어요.
Why don't we~? '우리가 ~하는 것 어때요?' Why don't I~? '제가 ~하는 것
어때요?' 'come over to~'는 '~에 오다'라는 뜻이에요.
'Why don't you'는 〔와이 던츄〕로 발음해요.
의미 단위(청크)로 끊어서 빨간색 글씨를 강조하면서 읽어보세요.

1. 어떤가요? / (무엇이) 당신이 제 사무실에 오는 것이
   Why don't you / come over to my office? ⤾
2. 어떤가요? / (무엇이) 당신이 저의 집에 오는 것이
   Why don't you / come over to my house? ⤾
3. 어떤가요? / (무엇이) 당신이 저희 학교에 오는 것이
   Why don't you / come over to my school? ⤾

SCENE
3

약속시간 정하기!

미뤄도 되는지 묻는 표현 'Can I take a rain check?'에 대해서 배워봅시다.

▶CHECK IT! 그림을 보고 알맞은 답을 골라봅시다.

Q. What does Dad Chunk want to say?

☐ Can I take a picture?

☐ Can I take a rain check?

☐ Can I take a message?

▶SCENE SCRIPT

Mr. Chunk : I'd love to. / But I have to check my schedule.

　　　　　　나도 그러고 싶습니다. / 그런데 제 일정을 확인해봐야겠네요.

　　　　　　Oh, I have a plan that day. 오, 그날 계획이 있네요.

　　　　　　Can I / take a rain check? / What about / next Tuesday?

　　　　　　제가 / 다음으로 미뤄도 될까요? / 어떠세요? / 다음 주 화요일은

Jack : Good. / My wife would be pleased, / too.

　　　　좋아요. / 제 아내도 기뻐할 것입니다, / 마찬가지로.

▶STUDY & SPEAK IT! 표현을 익히고 발음해봅시다.

Sure, can I take a rain check?↺

▷형태: Sure, can I + 동사원형~?

▷해석: 그래요, 내가 ~할 수 있을까요?　▷의미: 상대방에게 허락을 구하는 표현

'rain check'는 갑작스러운 비로 야구 경기가 취소되었을 때 경기를 보러온
관람객들에게 다음 경기를 볼 수 있게 발행해주던 '우천 시 교환권'이라는 의미였어요.
'take a rain check'는 '다음을 기약하다'라는 뜻이에요.
'can I take a rain check?' 대신에 'can I get a rain check?'로 바꿔 쓸 수 있어요.
의미 단위(청크)로 끊어서 빨간색 글씨를 강조하면서 읽어보세요.

1. 그래요, / 내가 할 수 있을까요? / (무엇을) 사진 찍기를

　　Sure, / can I / take a picture? ↺

2. 그래요, / 내가 할 수 있을까요? / (무엇을) 다음 기회로 미루는 것을

　　Sure, / can I / take a rain check? ↺

3. 그래요, / 내가 할 수 있을까요? / (무엇을) 메모 남기는 것을

　　Sure, / can I / leave a message? ↺

60 청크 스토리

저희 집에도 오실래요?

지금까지 배운 내용을 참고하여 문제를 풀어봅시다.

▶PRACTICE IT!

1. 문장의 해석과 주어진 단어를 활용하여 빈칸을 채워봅시다.

 * 정답은 2번 문항에 있지만 보지 말고 혼자 힘으로 먼저 해보세요.

(1) 다음에는, 나는 너를 기다리지 않을 것이다. (wait for: ~을 기다리다)

Next time, I will _____ _____ _____ you.

(2) 다음에는, 나는 실수를 하지 않을 것이다. (mistake: 실수)

Next time, I will _____ _____ _____.

(3) 영어를 더 열심히 공부하는 것 어때요? (harder: 더 열심히)

Why don't you _____ English _____?

(4) 이 책을 읽는 것 어때요? (book: 책)

Why don't you _____ this _____?

(5) 당신의 펜을 빌려도 될까요? (borrow: 빌리다)

Can I _____ your _____?

(6) 당신의 컴퓨터를 사용해도 될까요? (computer: 컴퓨터)

Can I _____ your _____?

2. 빨간색 글씨에 강세를 두어 문장을 자연스럽게 읽어봅시다. 한 번씩 읽을 때마다 옆에 있는 네모 박스에 체크(√) 표시를 해보세요. 총 5번씩 읽어보세요.

(1) **Nex**t time, / I will **not wait** / for you.⤴ ☐☐☐☐☐

(2) **Nex**t time, / I will **not make** mis**take**s.⤴ ☐☐☐☐☐

(3) Why **don't** you / **study Eng**lish **harder**?⤴ ☐☐☐☐☐

(4) Why **don't** you / **read** this **book**?⤴ ☐☐☐☐☐

(5) Can I / **bo**rrow your **pen**?⤵ ☐☐☐☐☐

(6) Can I / **use** your com**pu**ter?⤵ ☐☐☐☐☐

▶TRY IT! Do it yourself.

I. 각 그림과 그에 어울리는 표현을 연결하세요.

❶

Ⓐ Can I / take a **rain check?**↻

❷

Ⓑ Nex**t** time, / I will **not run.**↷

❸

Ⓒ Why **don't you** / come **over** to my **house?**↷

2. 그림과 의미를 보고, 빈칸에 알맞은 영어 표현을 써본 뒤 말해보세요.

①

어떤가요?

당신이 저의 집에 오는 것이

②

제가 ~해도 될까요?

다음으로 미뤄도

③

다음에는,

달리지 않을 것이다.

Better late than never.
늦어도 안 하는 것보다 낫다.
- proverb

UNIT 07 V-mart로 어떻게 가죠?

scene 1 허락을 구하는 표현 'May I~?'
scene 2 공손한 부탁을 하는 표현 'Could you~?'
scene 3 무엇을 아는지 물어보는 표현 'Do you understand~?'

▶TODAY'S DIALOGUE

Scene 1

Ms. Chunk : Excuse me, sir?
          May I ask for some directions?

Man : Yes, ma'am? Where do you want to go?

Scene 2

Ms. Chunk : **Could you tell me how to get to V-mart?**
          I'm not sure if I should take a taxi or a bus.

Man : Oh, it's very close.
    But there are few cabs around here, so you'd better take a bus.

Scene 3

Man : Go three more stops and then get off the bus.
    And you will find it next to Wow Bank.
    Do you understand what I said?

Ms. Chunk : Oh, I see. Got it.
          Thank you very much, sir.

SCENE
1

제 말 좀 들어보실래요?

허락을 구하는 표현 'May I~?'에 대해서 배워봅시다.

▶CHECK IT! 그림을 보고 알맞은 답을 골라봅시다.

Q. What does Ms. Chunk want to ask the man?

☐ May I have more time?

☐ May I have some water?

☐ May I ask for some directions?

▶SCENE SCRIPT

Ms. Chunk : Excuse me, Sir? / May I / ask for some directions?
　　　　　　실례합니다, 선생님?　　/ 제가 ~해도 될까요? / 길을 물어봐도

Man : Yes, ma'am? / Where do you want to go?
　　　 네, 아주머니?　　/　어디로 가기를 원하세요?

▶STUDY & SPEAK IT! 표현을 익히고 발음해봅시다.

May I / ask for some directions? ↻

▷형태: May I + 동사원형~?

▷해석: 제가 ~해도 될까요?　　　　▷의미: 상대방에게 허락을 구하는 표현

조동사 may는 '허가, 허락'을 나타내며 '~해도 좋다, ~해도 된다'는 뜻이에요.
'May I ~?' '제가 ~해도 될까요?' 문장은 'Is it OK to + 동사원형~?',
'Is it OK if I + 동사원형~?'으로 바꾸어 표현할 수 있어요.
'ask', 'directions'가 중심 내용이므로 강하게 읽어보세요.
ask for은 [애스크 폴]이 아니라 [애스폴]로 발음해 주세요.

1. 제가 ~해도 될까요? / (무엇을) 더 많은 시간을 가져도
　 May I / have more time? ↻
2. 제가 ~해도 될까요? / (무엇을) 물을 마셔도
　 May I / have some water? ↻
3. 제가 ~해도 될까요? / (무엇을) 길을 물어봐도
　 May I / ask for some directions? ↻

SCENE 2 어떻게 가나요?

공손한 부탁을 하는 표현 'Could you~?'에 대해서 배워봅시다.

▶CHECK IT! 그림을 보고 알맞은 답을 골라봅시다.

Q. What does Ms. Chunk ask?
- ☐ Could you tell me how to get to V-mart?
- ☐ Could you tell me how to get to the bakery?
- ☐ Could you tell me how to get to the school?

▶SCENE SCRIPT

Ms. Chunk : Could you tell me / how to get / to V-mart?
저에게 말해주실 수 있으세요? / 어떻게 가는지 / V-마트로
I'm not sure / if I should take a taxi or a bus.
저는 확신할 수 없어요. / 제가 택시를 타야 할지 버스를 타야 할지

Man : Oh, / it's very close.
아, / 그것은 매우 가까이 있어요.
But there are few cabs / around here, / so you'd better / take a bus.
그렇지만 택시들이 거의 없어요. / 여기 주변에, / 그래서 ~하는 편이 낫습니다. / 버스를 타는 것이

▶STUDY & SPEAK IT! 표현을 익히고 발음해봅시다.

Could you tell me / how to get / to V-mart?↻

▷형태: Could you tell me how to + 동사원형~?

▷해석: 어떻게 ~하는지 나에게 말해줄 수 있나요?

▷의미: 상대방에게 ~하는 방법에 대해 말해줄 수 있는지 물어보는 표현

'Could you~?'는 '~해 줄 수 있나요?'라는 의미로 공손한 부탁을 나타냅니다.
'how to'는 '~하는 방법'으로 해석할 수 있어요.
'Could you'는 [쿠쥬]로 이어서 발음해요. 빨간색 글씨를 강조하며 읽어보세요.

1. 나한테 말해줄 수 있나요? / (무엇을) 어떻게 가는지를 / (어디에) V-마트에
   Could you tell me / how to get / to V-mart? ↻
2. 나한테 말해줄 수 있나요? / (무엇을) 어떻게 가는지를 / (어디에) 빵집에
   Could you tell me / how to get / to the bakery? ↻
3. 나한테 말해줄 수 있나요? / (무엇을) 어떻게 가는지를 / (어디에) 학교에
   Could you tell me / how to get / to the school? ↻

SCENE 3 무슨 말인지 알겠어요?

무엇을 아는지 물어보는 표현 'Do you understand~?'에 대해서 배워봅시다.

▶CHECK IT! 그림을 보고 알맞은 답을 골라봅시다.

Q. What does the helper want to say?

☐ Do you understand what I said?

☐ Do you understand what he said?

☐ Do you understand what the teacher said?

▶SCENE SCRIPT

Man : Go / three more stops / and then get off the bus.
가세요. / 세 개 더 정류장을 / 그리고 난 후에 버스에서 내리세요.

And you will find it / next to Wow Bank. / Do you understand / what I said?
그리고 당신은 찾을 수 있을 거예요 / Wow Bank 옆에서 / 아시겠어요? /
제가 무슨 말 하는지?

Ms. Chunk : Oh, I see. / Got it. / Thank you / very much, / sir.
오, 알겠어요. / 알겠습니다. / 감사합니다. / 매우 / 아저씨

▶STUDY & SPEAK IT! 표현을 익히고 발음해봅시다.

Do you understand / what I said? ↵

▷형태: Do you understand what + 주어 + 동사~?

▷해석: 당신은 '주어'가 무엇을 '동사'했는지 이해했어요?　▷의미: 이해 여부를 묻기

'Do you get what I said?'로 바꿔쓸 수 있어요. 친구 사이에 'Got it?'으로
물어보기도 해요. 여기에서 'what'은 간접의문문으로 간접의문문의 어순에 유의하세요.
'의문사 + 주어 + 동사' 형태로 써야 합니다.
내용어인 빨간색 부분을 강조하며, 의미 단위(청크)로 끊어 읽어주세요.

1. 알겠어요? / (무엇을) 내 말뜻을
Do you understand / what I said? ↵

2. 알겠어요? / (무엇을) 그의 말뜻을
Do you understand / what he said? ↵

3. 알겠어요? / (무엇을) 그 선생님의 말뜻을
Do you understand / what the teacher said? ↵

V-mart로 어떻게 가죠?

지금까지 배운 내용을 참고하여 문제를 풀어봅시다.

▶PRACTICE IT!

I. 문장의 해석과 주어진 단어를 활용하여 빈칸을 채워봅시다.

  * 정답은 2번 문항에 있지만 보지 말고 혼자 힘으로 먼저 해보세요.

  (l) 제가 여기 앉아도 될까요? (sit: 앉다)

   May I _____ _____?

  (2) 제가 질문을 하나 해도 될까요? (question: 질문)

   May I _____ a _____?

  (3) 이 앱을 어떻게 사용하는지 저에게 말해줄 수 있나요? (application: 앱)

   Could you tell me how to _____ this _____?

  (4) 이 문제를 어떻게 해결하는지 저에게 말해줄 수 있나요? (question: 문제)

   Could you tell me how to _____ this _____?

  (5) 당신은 제가 다음에 어떤 것을 해야 하는지 이해하나요? (next: 다음에)

   Do you understand what I _____ do _____?

  (6) 당신은 그가 무엇을 알아차렸는지 이해하나요? (notice: 알아차리다)

   Do you understand what he _____?

2. 빨간색 글씨에 강세를 두어 문장을 자연스럽게 읽어봅시다. 한 번씩 읽을 때마다 옆에 있는 네모 박스에 체크(√) 표시를 해보세요. 총 5번씩 읽어보세요.

  (l) May I / sit here?↻

  (2) May I / ask a question?↻

  (3) Could you tell me / how to use this application?↻

  (4) Could you tell me / how to solve this question?↻

  (5) Do you understand / what I should do next?↻

  (6) Do you understand / what he noticed?↻

▶TRY IT! Do it yourself.

I. 각 그림과 그에 어울리는 표현을 연결하세요.

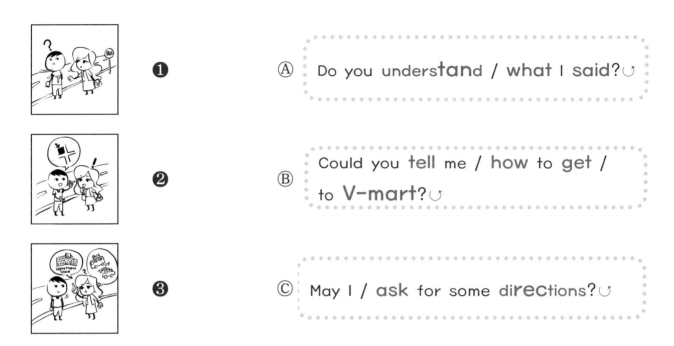

❶

Ⓐ Do you under**stand** / what I said?↻

❷

Ⓑ Could you **tell** me / how to **get** / to **V-mart**?↻

❸

Ⓒ May I / **ask** for some di**rec**tions?↻

2. 그림과 의미를 보고, 빈칸에 알맞은 영어 표현을 써본 뒤 말해보세요.

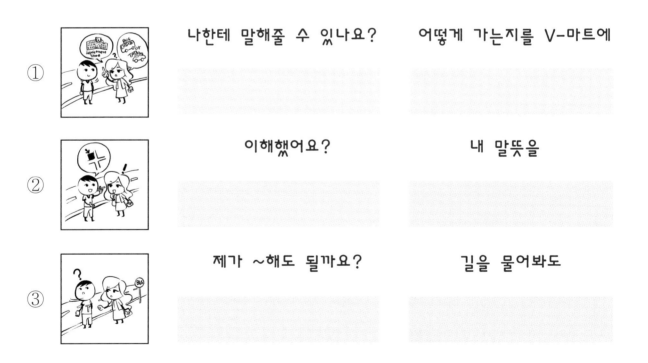

① 나한테 말해줄 수 있나요?   어떻게 가는지를 V-마트에

② 이해했어요?   내 말뜻을

③ 제가 ~해도 될까요?   길을 물어봐도

> You don't have to be great to start,
> but you have to start to be great.
> 시작하는데 훌륭할 필요는 없습니다.
> 그러나 훌륭해지기 위해서는 시작해야합니다.
> -Zig Ziglar

UNIT

08 버스 정류장에서 생긴 일!

scene 1 허락을 구하는 표현 'Can I~?'
scene 2 '당신도 알다시피'를 나타내는 표현 'As you know'
scene 3 위협이나 경고를 나타내는 표현 'had better not'

▶TODAY'S DIALOGUE

Scene 1

Ms. Chunk : We will take a bus.
             I heard it will take a few
             minutes.

Sis Chunk : Mom, then, **can I go there by
             using my superpower?**

Ms. Chunk : It's not a good idea.

Scene 2

Sis Chunk : **As you know, I'm capable of
             running fast.**

Scene 3

Ms. Chunk : Stop right there. **You'd better
             not use your superpower.**
             I don't want to talk about your
             power again.

어떻게 가나요?

허락을 구하는 표현 'Can I~?'에 대해서 배워봅시다.

▶CHECK IT!

그림을 보고 알맞은 답을 골라봅시다.

Q. What does Sis Chunk ask her mother?

☐ Can I go there by bus?

☐ Can I go there by my bike?

☐ Can I go there by using my superpower?

▶SCENE SCRIPT

Ms. Chunk : We will take a bus. / I heard / it will take a few minutes.
우리는 버스를 탈거란다. / 나는 들었다. / 몇 분 정도 걸릴 것이라고

Sis Chunk : Mom, / then, / can I go there / by using my superpower?
엄마, / 그러면, / 거기에 가도 되나요? / 슈퍼파워를 이용해서

Ms. Chunk : It's not a good idea.
그것은 좋지 않은 생각이란다.

▶STUDY & SPEAK IT! 표현을 익히고 발음해봅시다.

Can I go there / by using my superpower? ↺

▷형태: Can I + 동사원형~?

▷해석: '제가 ~해도 될까요?'   ▷의미: ~해도 되는지 허락을 구하는 표현

can은 '~해도 된다'는 뜻으로 허락을 나타냅니다. may로 바꿔 쓸 수 있어요. 'Can I~?'는 '제가 ~해도 될까요?'라고 해석해요. 'by + ~ing'는 '~함으로써'라고 해석하면 됩니다. 'super' 발음에 유의하세요. 〔슈펄〕아니고 〔수퍼리〕입니다.

1. 거기 가도 되나요? / (무엇을 타고) 버스를 타고
Can I go there / by bus? ↺

2. 거기 가도 되나요? / (무엇을 타고) 내 자전거를 타고
Can I go there / by my bike? ↺

3. 거기 가도 되나요? / (무엇을 써서) 내 슈퍼파워를 써서
Can I go there / by using my superpower? ↺

난 할 수 있어요!

'당신도 알다시피'를 나타내는 표현 'As you know'에 대해서 배워봅시다.

▶CHECK IT! 그림을 보고 알맞은 답을 골라봅시다.

Q. What does Sis Chunk want to say?
- ☐ As you know, I'm capable of running fast.
- ☐ As you know, I'm capable of swimming fast.
- ☐ As you know, I'm capable of kicking hard.

▶SCENE SCRIPT

Sis Chunk : As you know, / I'm capable of / running fast.
엄마도 알다시피, / 저는 할 수 있어요. / 빨리 달리는 것을

▶STUDY & SPEAK IT! 표현을 익히고 발음해봅시다.

As you know, / I'm capable of / running fast.⌒

▷형태: As you know,

▷해석: 당신도 알다시피,   ▷의미: 상대방이 아는 것을 나타냄

'As you know'는 '당신도 알다시피'로 해석할 수 있어요.
'be capable of ~ing'는 '~할 수 있다'로 해석하며, '조동사 can + 동사원형'으로
바꿔 쓸 수 있어요.
'As you know, I can run fast.'라는 문장이 가능합니다.
As you know 뒤에 쉼표가 있으니 읽을 때 살짝 쉬고 이어서 말해요.

1. 알다시피, / 난 할 수 있어요. / (무엇을) 빨리 달리는 것을
   As you know , / I'm capable of / running fast. ⌒
2. 알다시피, / 난 할 수 있어요. / (무엇을) 빨리 수영하는 것을
   As you know , / I'm capable of / swimming fast. ⌒
3. 알다시피, / 난 할 수 있어요. / (무엇을) 세게 차는 것을
   As you know , / I'm capable of / kicking hard. ⌒

SCENE 3 내 말 듣는 것이 좋을 거야!

위협이나 경고를 나타내는 표현 'had better not'에 대해서 배워봅시다.

▶CHECK IT! 그림을 보고 알맞은 답을 골라봅시다.

Q. What does Mom Chunk want to say?

□ You'd better not jump.

□ You'd better not sleep here.

□ You'd better not use your superpower.

▶SCENE SCRIPT

Ms. Chunk : Stop right there. / **You'd better not / use your superpower.**
지금 당장 그만하렴. / 하지 않는 게 좋을 거야. / 슈퍼파워를 쓰는 것을
I don't want / to talk / about your power / again.
나는 ~하지 않았으면 해. / 말하지 / 너의 파워에 대해 / 다시

▶STUDY & SPEAK IT! 표현을 익히고 발음해봅시다.

You'd better **not** / use your **sup**erpower.⌒

▷**형태**: You'd better not + 동사원형~

▷**해석**: 당신은 ~하지 않는 편이 더 낫다   ▷**의미: 위협이나 경고를 표현**

'should'는 '~하는 것이 바람직하다'는 의미로 'had better'보다 부드러운 조언을 나타내요.
'had better'는 '~하는 게 좋다'는 의미이지만, '~하지 않으면 바람직하지 않은 사태를
초래한다'는 경고의 뉘앙스가 있어요. 상황에 따라 무례한 표현이 될 수 있어요.
하지 않는 게 좋다(better not), 사용(use), 슈퍼파워(superpower)가 중요하므로 강하고
정확하게 발음합니다. You'd[유드], use your[유즈욜]은 자연스럽게 연결해서 발음하세요.

I. 하지 않는 게 좋을 거예요. / (무엇을) 점프하는 것을
You'd **better not** / **jump.** ⌒

2. 하지 않는 게 좋을 거예요. / (무엇을) 여기서 자는 것을
You'd **better not** / **sleep** here. ⌒

3. 하지 않는 게 좋을 거예요. / (무엇을) 슈퍼파워를 쓰는 것을
You'd **better not** / **use** your **sup**erpower. ⌒

버스 정류장에서 생긴 일!

지금까지 배운 내용을 참고하여 문제를 풀어봅시다.

▶PRACTICE IT!

l. 문장의 해석과 주어진 단어를 활용하여 빈칸을 채워봅시다.

정답은 2번 문항에 있지만 보지 말고 혼자 힘으로 먼저 해보세요.

(1) 제가 지하철로 거기에 갈 수 있나요? (subway: 지하철)

Can I go there by _____?

(2) 제가 걸어서 거기에 갈 수 있나요? (on foot: 걸어서)

Can I go there ____ _____?

(3) 알다시피, 나는 살을 뺄 수 있어요. (lose weight: 살을 빼다)

As you know, I'm capable of _____ _____.

(4) 알다시피, 나는 영어를 유창하게 말할 수 있어요. (fluently: 유창하게)

As you know, I'm capable of _____ English _____.

(5) 당신은 학교에 늦지 않는 게 좋을 거예요. (be late for: ~에 늦다)

You'd better not be _____ for _____.

(6) 당신은 너무 늦게 자지 않는 게 좋을 거예요. (go to bed: 자다)

You'd better not go to _____ so _____.

2. 빨간색 글씨에 강세를 두어 문장을 자연스럽게 읽어봅시다. 한 번씩 읽을 때마다 옆에 있는 네모 박스에 체크(√) 표시를 해보세요. 총 5번씩 읽어보세요.

(1) Can I go there / by subway?↻

(2) Can I go there / on foot?↻

(3) As you know, / I'm capable of / losing weight.↷

(4) As you know, / I'm capable of / speaking English fluently.↷

(5) You'd better not / be late for school.↷

(6) You'd better not / go to bed / so late.↷

▶TRY IT! Do it yourself.

1. 각 그림과 그에 어울리는 표현을 연결하세요.

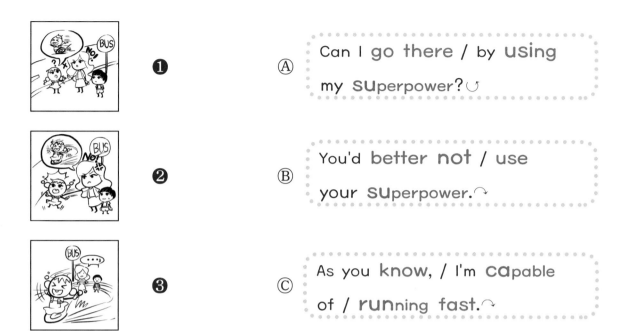

❶   Ⓐ   Can I go there / by using my superpower? ↻

❷   Ⓑ   You'd better not / use your superpower. ↷

❸   Ⓒ   As you know, / I'm capable of / running fast. ↷

2. 그림과 의미를 보고, 빈칸에 알맞은 영어 표현을 써본 뒤 말해보세요.

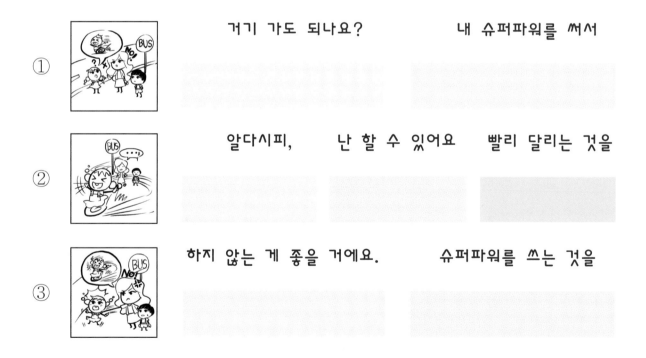

①   거기 가도 되나요?   내 슈퍼파워를 써서

②   알다시피,   난 할 수 있어요   빨리 달리는 것을

③   하지 않는 게 좋을 거에요.   슈퍼파워를 쓰는 것을

Lost time is never found again.
당신은 절대로 지나간 시간을 다시 찾을 수 없습니다.
-Benjamin Franklin

UNIT

09 너의 힘은 비밀이야!

scene 1 상대방이 잊지 않았으면 하는 내용을 말할 때 쓰는 표현 'Don't forget~.'
scene 2 상대방이 조심 해야 하는 상황에 쓸 수 있는 표현 'Be careful. Here comes _____.'
scene 3 대중교통을 탔을 때 목적지까지 가는지 확인할 때 쓰는 표현 'Does this ___ go to ___~?'

▶ TODAY'S DIALOGUE

Scene 1

Ms. Chunk : No, you can't say anything.

If you use your superpower next time, you will be grounded.

Don't forget that you shouldn't show your power to people!

Scene 2

Chunky : Uh, mom, calm down.
Don't be angry and be careful.
Here comes the bus.

Ms. Chunk : Oh! Let's get on the bus, kids.
Ready?

Scene 3

Ms. Chunk : Does this bus go to V-mart?

Bus Driver : Sure, ma'am. Get on the bus.

SCENE
1

명심해!

상대방이 잊지 않았으면 하는 내용을 말할 때 쓰는 표현 'Don't forget~.'을 배워봅시다.

▶CHECK IT!

그림을 보고 알맞은 답을 골라봅시다.

Q. What does Mom Chunk want to say?

☐ Don't forget that there is a bus.

☐ Don't forget that there is a supermarket.

☐ Don't forget that you shouldn't show your power to people!

▶SCENE SCRIPT

Ms. Chunk : No, you can't / say anything.

아니, 너는 ~해서는 안된다. / 어떤 것도 말해서는

If you use your superpower / next time, / you will be grounded.

만약 슈퍼파워를 이용한다면, / 다음에 / 외출 금지야!

Don't forget / that you shouldn't show / your power / to people!

기억해라! / 너는 보여주면 안 된다는 것을 / 너의 힘을 / 사람들에게

▶STUDY & SPEAK IT! 발음을 익히고 표현을 말해봅시다.

Don't forget that you shouldn't show your power to people! ⤴

▷형태: Don't forget that 주어 + 동사.

▷해석: (주어)가 (동사) 하는 것을 잊지 말아라

▷의미: 상대방이 잊지 말았으면 하는 내용을 'that' 뒤에 말해 잊지 않도록 당부하는 표현

'Don't forget' 은 잊지말아달라는 의미이기 때문에 꼭 기억해달라는 'Remember'과 바꿔쓸 수 있어요. F와 P는 우리말의 [ㅍ] 소리와 비슷하지만 차이가 있어요. F를 발음할 때는 윗니로 아랫 입술을 살짝 깨물 듯이 발음을 하고 P를 발음할 때는 윗입술과 아랫입술을 붙였다가 떼면서 소리를 내요. 따라서 forget [뽈겟]을 소리 내어 말할 때는 윗니를 아랫입술에 대고 살짝 깨물 듯이 [ㅍ] 발음을 해보세요!

TIP ※ 이렇게 읽어 봐요!
1. 지휘를 하듯이 읽기
2. 어깨를 으쓱, 머리를 위아래로
   강세 따라 읽기

1. 잊지 마세요. / (무엇을) 버스가 있다는 것을
   Don't forget / that there is a **bus.** ⤴

2. 잊지 마세요. / (무엇을) 슈퍼마켓이 있다는 것을
   Don't forget / that there is a **supermarket.** ⤴

3. 잊지 마세요. / (무엇을) / 빵집이 있다는 것을
   Don't forget / that there is a **bakery.** ⤴

SCENE 2 조심하세요!

상대방이 조심해야 하는 상황에 쓸 수 있는 표현
'Be careful. Here comes _____.'를 배워봅시다.

▶CHECK IT! 그림을 보고 알맞은 답을 골라봅시다.

Q. What does Chunk want to say?

☐ Be careful. Here comes the taxi.

☐ Be careful. Here comes the bike.

☐ Be careful. Here comes the bus.

▶SCENE SCRIPT

Chunky : Uh, mom, calm down. / Don't be angry / and be careful.

아, 엄마 진정하세요. / 화내지 마시구요 / 그리고 조심하세요.

Here comes the bus.

버스가 옵니다.

Ms. Chunk : Oh! / Let's get on the bus, / kids. / Ready?

오! / 버스에 타자, / 애들아. / 준비됐지?

▶STUDY & SPEAK IT! 발음을 익히고 표현을 말해봅시다.

Be careful.⌒ Here comes the bus.⌒

▷형태: Be careful. Here comes + 명사.

▷해석: 조심해! ~가 오고 있어.

▷의미: 무엇인가가 다가올 때 상대방이 주의하라고 말하는 표현

'bus' 부분에 다가오고 있는 무언가를 써주면 됩니다.
빨간색 부분이 문장에서의 핵심 의미를 포함하고 있기 때문에 강하게 읽고
나머지 부분은 약하고 빠르게 읽으면 됩니다.

1. 조심하세요. / 버스가 와요.
   Be careful. ⌒/ Here comes the bus. ⌒
2. 조심하세요. / 택시가 와요.
   Be careful. ⌒ / Here comes the taxi. ⌒
3. 조심하세요. / 자전거가 와요.
   Be careful. ⌒ / Here comes the bike. ⌒

SCENE 3

이 버스 맞나요?

대중교통을 이용할 때 목적지로 가는지 확인할 때 쓰는 표현
'Does this ___ go to ___?'를 배워봅시다.

▶CHECK IT! 그림을 보고 알맞은 답을 골라봅시다.

Q. What does Mom Chunk want to say?

☐ Does this bus go to V-mart?

☐ Does this bus go to W-park?

☐ Does this bus go to X-building?

▶SCENE SCRIPT

Ms. Chunk : Does this bus go / to V-mart?
이 버스는 가나요? / V-마트로

Bus Driver : Sure, ma'am. / Get on the bus.
물론이지요, 부인. / 버스에 타세요.

▶STUDY & SPEAK IT! 발음을 익히고 표현을 말해봅시다.

Does this bus / go to V-mart?↺

▷형태: Does this 대중교통 go to 목적지?

▷해석: 이 (대중교통)이 (목적지)까지 가나요?

▷의미: 자신이 타려는 대중교통이 목적지까지 가는지 확인할 때 쓰는 표현

(대중교통) 부분에는 bus(버스), taxi(택시), subway(지하철) 등을 넣을 수 있고,
(목적지)에는 내가 가고자 하는 장소를 넣으면 됩니다. 핵심어를 크고 강하게 읽습니다.
글자 크기가 더 큰 부분은 더 크게 읽습니다. 강세에 주의해서 읽어볼까요?

1. 이 버스가 가나요? / (어디로) V-마트로
   Does this bus go / to V-mart ? ↺
2. 이 버스가 가나요? / (어디로) W 공원으로
   Does this bus go / to W-park ? ↺
3. 이 버스가 가나요? / (어디로) X 빌딩으로
   Does this bus go / to X-building? ↺

너의 힘은 비밀이야!

지금까지 배운 내용을 참고하여 문제를 풀어봅시다.

▶PRACTICE IT!

1. 문장의 해석과 주어진 단어를 활용해 빈칸을 채워보세요. (필요할 경우, 단어의 형태를 바꾸어도 됨)

* 정답은 2번 문항에 있지만 보지 말고 혼자 힘으로 먼저 해보세요.

(1) 당신을 기다리는 한 소녀가 있다는 것을 잊지 마세요. (forget: 잊다, girl: 소녀)

Don't _____ that there is a _____ waiting for you.

(2) 테이블 위에 생일 케이크가 있다는 것을 잊지 마세요. (birthday cake: 생일 케이크)

_____ forget that there is a _____ _____ on the table.

(3) 조심하세요. 차가 와요. (the car: 차)

_____ _____. Here comes _____ _____.

(4) 조심하세요. 버스가 와요.

Be careful. _____ _____ the bus.

(5) 이 버스가 강남역으로 가나요?

Does this _____ go _____ Gang-Nam Station?

(6) 이 버스가 시청에 가나요? (City Hall: 시청)

_____ this bus go to _____ _____?

2. 강하게 읽어야 하는 부분을 고려하여 문장을 자연스럽게 읽어봅시다. 한 번씩 읽을 때마다 옆에 있는 네모 박스에 체크(√) 표시를 해보세요. 총 5번씩 읽어보세요.

(1) Don't for**get** / that there is a **girl** **wai**ting for you.↷

(2) Don't for**get** / that there is a **birth**day **cake** on the **table.**↷

(3) Be **care**ful. ↷/ Here **comes** the **car.**↷

(4) Be **care**ful. ↷/ Here **comes** the **bus.**↷

(5) Does this **bus go** / to **Gang-Nam sta**tion?↻

(6) Does this **bus go** / to **City Hall?**↻

▶TRY IT! Do it yourself.

1. 각 그림과 그에 어울리는 표현을 연결하세요.

❶

Ⓐ Don't for**get** / that you shouldn't show your power to people! ↷

❷

Ⓑ Does this bus go / to V-mart? ↶

❸

Ⓒ Be careful. ↷/
Here comes the bus. ↷

2. 그림과 의미를 보고, 빈칸에 알맞은 영어 표현을 써본 뒤 말해보세요.

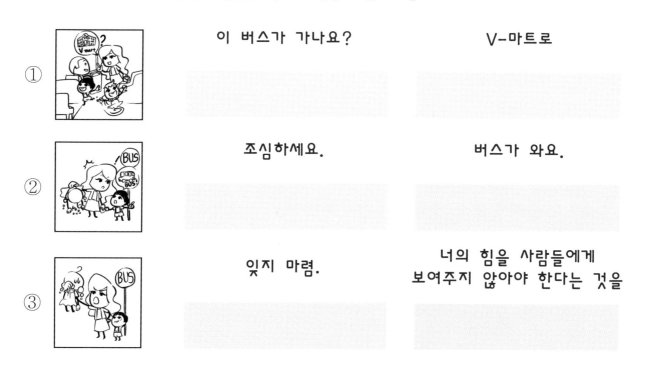

① 이 버스가 가나요?   V-마트로

② 조심하세요.   버스가 와요.

③ 잊지 마렴.   너의 힘을 사람들에게
보여주지 않아야 한다는 것을

It's choice - not chance - that determines your destiny.
우연이 아닌 선택이 운명을 결정한다.
-Jean Nidetch

10 버스 안에서

scene 1 원하는 것을 말할 때 쓰는 표현 'I would like to'
scene 2 무엇인가를 묘사할 때 쓰는 표현 'look like'
scene 3 반대 의견을 말할 때 쓰는 표현 'I don't think~'

▶ TODAY'S DIALOGUE

Scene 1

Girl : Oh, I hope I'll arrive at V-mart soon.
I am going to buy fabulous clothes and high heels!

Chunky : **I would like to buy some cake.**
Um… Is there any delicious cake at V-mart? I hope so.

Scene 2

Mr. Bad : Hey, look at the girl in a skirt. What is inside her bag?

She looks like she has lots of money.

Scene 3

Mr. Evil : I think so.
However, I don't think it's good to steal her purse here.

SCENE 1

무엇을 살까?

원하는 것을 말할 때 쓰는 표현 'I would like to~'을 배워봅시다.

▶CHECK IT! 그림을 보고 알맞은 답을 골라봅시다.

Q. What is Chunky thinking about?

☐ I would like to buy some cake.

☐ I would like to drink coke.

☐ I would like to go skating.

▶SCENE SCRIPT

Girl: Oh, / I hope / I'll arrive at V-mart soon.

오, / 나는 소망해. / 곧 V-마트에 도착하기를.

I am going to / buy fabulous clothes and high heels!

나는 ~할 것이다. / 멋진 옷과 높은 구두들을 사는 것을

Chunky : I would like / to buy some cake.

나는 ~했으면 해. / 케이크를 사는 것을

Um… / Is there any delicious cake / at V-mart?/ I hope so.

음… / 맛있는 케이크가 있나요? / V-마트에 / 나는 그러기를 희망해요.

▶STUDY & SPEAK IT! 발음을 익히고 표현을 말해봅시다.

I would like to buy some cake.⌒

▷형태: I would like to 동사원형

▷해석: 나는 ~하기를 원한다.　　▷의미: 원하는 것을 말할 때 쓰는 표현

여기서 to 이후에 오는 단어가 주요 내용이므로 강하게 발음하며, 그 외의 단어들은 자연스럽게 붙여서 발음해 주세요. 빨간색 부분이 문장에서의 핵심 의미를 포함하고 있으므로 강하게 읽고 나머지 부분은 약하고 빠르게 읽으면 됩니다. 'I'd like to 동사원형'이라고 축약해서 주로 말합니다.

1. 나는 하고 싶다. / (무엇을) 케이크를 사는 것을

   I would like / to buy some cake. ⌒

2. 나는 하고 싶다. / (무엇을) 콜라를 마시는 것을

   I would like / to drink coke. ⌒

3. 나는 하고 싶다. / (무엇을) 스케이트 타러 가는 것을

   I would like / to go skating. ⌒

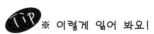 ※ 이렇게 읽어 봐요!

1. 지휘를 하듯이 읽기

2. 어깨를 으쓱, 머리를 위아래로 강세 따라 읽기

악당들 활동 시작!

무엇인가를 묘사할 때 쓰는 표현 '___look like___'에 대해서 배워봅시다.

▶CHECK IT! 그림을 보고 알맞은 답을 골라봅시다.

Q. What does Mr. Bad want to say?
- ☐ She looks like she has a secret.
- ☐ She looks like she brushed her teeth.
- ☐ She looks like she has lots of money.

▶SCENE SCRIPT

Mr. Bad : Hey, / look at the girl / in a skirt. / What is / inside her bag?

야 , / 저 소녀를 봐. / 스커트를 입은 / 무엇이 있을까? / 그녀의 가방 안에

She looks like / she has lots of money.

그녀는 ~처럼 보여. / 그녀는 많은 돈을 가진

▶STUDY & SPEAK IT! 발음을 익히고 표현을 말해봅시다.

She looks like she has lots of mOney.⌣

▷형태: 주어 look(s) like 주어 + 동사.

▷해석: 주어는 ~처럼 보인다.

▷의미: 무엇인가를 묘사할 때 쓰이는 표현

빨간색 부분이 문장에서의 핵심 의미를 포함하고 있으므로 강하게 읽고
나머지 부분은 약하고 빠르게 읽으면 됩니다.

1. 그녀는 ~처럼 보인다. / (무엇처럼) 그녀가 비밀을 가진 것
   She looks like / she has a secret. ⌣
2. 그녀는 ~처럼 보인다. / (무엇처럼) 그녀가 이를 닦는 것
   She looks like / she brushes her teeth. ⌣
3. 그녀는 ~처럼 보인다. / (무엇처럼) 그녀가 많은 돈을 가진 것
   She looks like / she has lots of money. ⌣

SCENE 3 좋은 생각이 아닌 것 같은데···

반대 의견을 말할 때 쓰는 표현 'I don't think~'을 배워봅시다.

▶CHECK IT! 그림을 보고 알맞은 답을 골라봅시다.

Q. What does Mr. Evil say to Mr. Bad?
- ☐ I don't think it's good to steal her purse.
- ☐ I don't think it's good to buy a new dress.
- ☐ I don't think it's good to call your uncle.

▶SCENE SCRIPT

Mr. Evil : I think so.
그렇게 생각해.
However, / I don't think / it's good / to steal her purse here.
그러나, / 나는 ~라고 생각하지 않아. / 그것이 좋다고 / 그녀의 지갑을 여기서 훔치는 것이

▶STUDY & SPEAK IT! 발음을 익히고 표현을 말해봅시다.

I don't think it's good to steal her purse here. ⌒

▷형태: I don't think + 주어 + 동사.

▷해석: 나는 ~라고 생각하지 않아.　　▷의미: 반대 의견을 말할 때 쓰는 표현

반대 의견을 나타내고 싶을 때 쓰는 표현으로, 동사 think 뒤에는 문장이 와야 해요.
핵심어를 크고 강하게 읽습니다. 글자 크기가 더 큰 부분은 더 크게 읽습니다.
강세에 주의해서 읽어볼까요?

1. 나는 생각하지 않아./ 좋다고/ (무엇이) 그녀의 지갑을 훔치는 것이
I don't think / it's good / to steal her purse. ⌒
2. 나는 생각하지 않아./ 좋다고/ (무엇이) 새 드레스 사는 것이
I don't think / it's good / to buy new dress. ⌒
3. 나는 생각하지 않아./ 좋다고/ (무엇이) 삼촌께 전화하는 것이
I don't think / it's good / to call your uncle. ⌒

버스 안에서

지금까지 배운 내용을 참고하여 문제를 풀어봅시다.

▶PRACTICE IT!

I. 문장의 해석과 주어진 단어를 활용해 빈칸을 채워보세요. (필요할 경우, 단어의 형태를 바꾸어도 됨)

정답은 2번 문항에 있지만 보지 말고 혼자 힘으로 먼저 해보세요.

(1) 나는 새로운 스마트폰을 사고 싶다. (buy: 사다, smartphone: 스마트폰)

I would like to _____ a new _____.

(2) 나는 친구들과 운동을 하고 싶다. (exercise: 운동하다)

I _____ _____ to _____ with my friends.

(3) 그녀는 상을 탈 것처럼 보인다. (win a prize: 우승하다, 상을 타다)

She looks like she is going to _____ _____ _____.

(4) 그녀는 배가 고픈 것처럼 보인다. (hungry: 배가 고픈)

She _____ _____ she is _____.

(5) 나는 부정행위 하는 것이 좋다고 생각하지 않는다. (cheat on a test: 부정행위 하다)

I don't think it's good to _____ _____ _____ _____.

(6) 나는 도서관에서 시끄럽게 이야기하는 것이 좋다고 생각하지 않는다. (library: 도서관)

I don't _____ it's _____ to talk loudly in the _____.

2. 강하게 읽어야 하는 부분을 고려하여 문장을 자연스럽게 읽어봅시다. 한 번씩 읽을 때마다 옆에 있는 네모 박스에 체크(√) 표시를 해보세요. 총 5번씩 읽어보세요.

(1) I would like / to **buy** a new **smart**phone. ↷

(2) I would like / to **exercise** with my **friend**s. ↷

(3) She **looks** like / she **wins** a **prize**. ↷

(4) She **looks** like / she is **hungry**. ↷

(5) I don't **think** / it's **good** / to **cheat** on a **test**. ↷

(6) I don't **think** / it's **good** / to **talk** loudly in the **library**. ↷

▶TRY IT! Do it yourself.

I. 각 그림과 그에 어울리는 표현을 연결하세요.

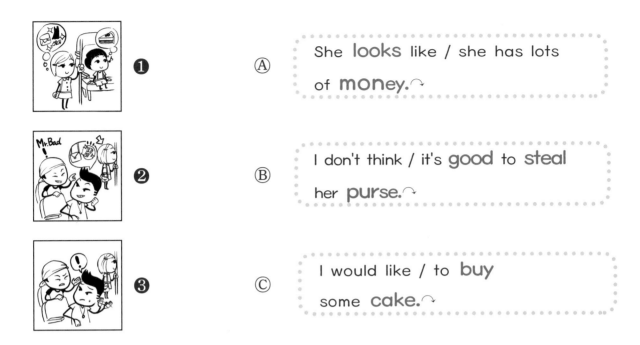

A She **looks** like / she has lots of **money.**⌒

B I don't think / it's **good** to **steal** her **purse.**⌒

C I would like / to **buy** some **cake.**⌒

2. 그림과 의미를 보고, 빈칸에 알맞은 영어 표현을 써본 뒤 말해보세요.

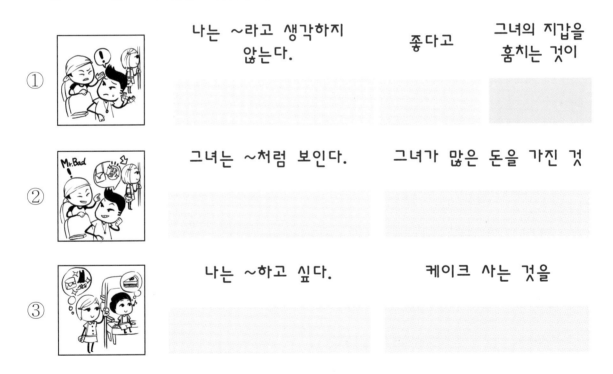

	나는 ~라고 생각하지 않는다.	좋다고	그녀의 지갑을 훔치는 것이
①			

	그녀는 ~처럼 보인다.		그녀가 많은 돈을 가진 것
②			

	나는 ~하고 싶다.		케이크 사는 것을
③			

Don't be too timid and squeamish about your actions.
All life is an experiment. The more experiments you make the better.
너무 소심하고 까다롭게 자신의 행동을 고민하지 말라. 모든 인생은 실험이다.
더 많이 실험할수록 더 나아진다.
-Ralph Waldo Emerson-

UNIT

11 범죄 현장 목격!

scene 1 미래 계획을 물을 때 쓰는 표현 'What are we going to~?'
scene 2 지금 진행 중인 행동을 나타낼 때 쓰는 표현 'be V+ing'
scene 3 찾고자 하는 대상의 위치를 묻는 표현 'Where is~?'

▶ TODAY'S DIALOGUE

Scene 1

Ms. Chunk : We are going two more stops and then getting off.

Sis Chunk : Ah, I got it. By the way,
what are we going to buy in V-mart?

Ms. Chunk : Just some groceries.
And we will have something delicious.

Scene 2

Mr. Evil : Hey, would you like some flowers?

Girl : No, I don't want any. Go away, please.

Chunky : Whoops!
He is stealing her purse.

Scene 3

Girl : **Oh, my goodness!**
Where is my purse?

My purse is gone and I have no idea how to find it!

SCENE 1 확실하죠?

미래 계획을 물을 때 쓰는 표현 'What are we going to~?'를 배워봅시다.

▶CHECK IT! 그림을 보고 알맞은 답을 골라봅시다.

Q. What does Sis Chunk ask her mother?
- ☐ What are we going to buy in V-mart?
- ☐ What are we going to do there?
- ☐ What are we going to learn in school?

▶SCENE SCRIPT

Ms. Chunk : We are going / two more stops / and then getting off.
우리는 갈 거야. / 두 정거장 더 / 그리고 내릴 거야.

Sis Chunk : Ah, / I got it. / By the way, / what are we going to buy / in V-mart?
아, / 알겠어요. / 그런데, / 우리는 무엇을 살 것인가요? / V-마트에서

Ms. Chunk : Just some groceries. / And we will have something delicious.
단지 몇몇 식료품들만. / 그리고 우리는 맛있는 것을 먹을 거야.

▶STUDY & SPEAK IT! 발음을 익히고 표현을 말해봅시다.

What are we going to buy / in V-mart?⌢

▷형태: What are we going to 동사 원형~?

▷해석: 무엇을 (동사) 할 예정인가요?　▷의미: 미래 계획을 물어볼 때 쓰는 표현

미래 계획을 물을 때 쓰는 표현이에요.
to 뒤에 다양한 동사를 넣어 무엇을 할건지 물을 수 있어요.
Wh- question (what, why, where, when, who, how로 시작되는 질문)은
의문문 문장 끝에서 억양을 내려 마무리 해 줍니다.
are we going to를 연결해서 조금은 [얼 위 거너]라고 빠르게 발음할 수 있고,
강세를 받지 않는 부분은 자연스레 붙여서 발음하세요.

l. 우리는 무엇을 할 예정인가요? / (어디에서) 제주도에서
　What are we going to do / in Jeju Island? ⌢

2. 우리는 무엇을 할 배울 예정인가요? / (어디에서) 학교에서
　What are we going to learn / in school? ⌢

3. 우리는 무엇을 먹을 예정인가요? / (어디에서) 그 식당에서
　What are we going to eat / in that reStaurant? ⌢

SCENE 2

악당들, 작전 개시!

지금 진행 중인 행동을 나타낼 때 쓰는 표현 '주어 + be - ing'에 대해 배워봅시다.

▶CHECK IT!

그림을 보고 알맞은 답을 골라봅시다.

Q. What is Mr. Bad doing?

☐ He is washing his hands.

☐ He is stealing her purse.

☐ He is dancing with her.

▶SCENE SCRIPT

Mr. Evil : Hey, / would you like some flowers?
　　　　　저기요 / 　꽃 좀 사시겠어요?

Girl : No, / I don't want any. / Go away, / please.
　　　아뇨, / 　저는 원하지 않아요. / 저리로 가주세요, / 제발

Chunky : Whoops! / He is stealing / her purse.
　　　　　아이고! / 그는 훔치고 있어요. / 그녀의 지갑을

▶STUDY & SPEAK IT! 발음을 익히고 표현을 말해봅시다.

He is stealing / her purse.↷

▷형태: 주어 + be 동사 + 동사 - ing

▷해석: (주어)는 ~하고 있는 중이다. ▷의미: 현재 진행 중인 행동을 표현

지금 현재 진행 중인 행동을 표현할 때는 'be 동사 + 동사 - ing'를 사용해요.
be 동사의 종류는 다양한데 주어에 따라 달리 쓰여요.

1인칭 주어		2인칭 주어		3인칭 주어	
단수	복수	단수	복수	단수	복수
(I)	(we)	(you)	(you)	(he, she, it)	(they)
am	are	are		is	are

위 문장에서 강세는 내용어인 'stealing'과 'purse'에 두어야 해요.

1. 그는 씻는 중이다. / 그의 손을
   He is washing / his hands. ↷

2. 그는 훔치는 중이다. / 그녀의 지갑을
   He is stealing / her purse. ↷

3. 그는 춤추는 중이다. / 그녀와
   He is dancing / with her. ↷

UNIT II - 범죄 현장 목격! 89

SCENE
3

지갑이 없어졌어요!

찾고자 하는 대상의 위치를 묻는 표현 'Where is/are 명사(s)?'을 배워봅시다.

▶CHECK IT!

그림을 보고 알맞은 답을 골라봅시다.

Q. What does the girl want to say?

☐ Oh, my goodness! Where is my purse?

☐ Excuse me. Where is the post office?

☐ I'm sorry. Where are my shoes?

▶SCENE SCRIPT

Girl : Oh, my goodness! / Where is / my purse?

오, 이런!   / 어디에 있죠 / 나의 지갑이

My purse is gone / and I have no idea / how to find it!

나의 지갑이 사라졌어요. / 그리고 나는 모르겠어요 / 어떻게 그것을 찾을지

▶STUDY & SPEAK IT! 발음을 익히고 표현을 말해봅시다.

Oh, my goodness! Where is 명사~?

▷형태: Where is 단수 명사? / Where are 복수 명사?

▷해석: (명사)는 어디에 있나요?   ▷의미: 물건의 위치를 찾을 때 쓰는 표현

물건/장소/건물 등의 위치를 찾고 싶을 때 쓸 수 있는 표현이에요. (명사) 자리에 다양한
단어들을 넣어 찾고자 하는 것의 위치를 물을 수 있습니다.
단수명사(e.g. the department store)가 오면 be동사는 'is'를, 복수명사(e.g. boys)가
오면 be동사는 'are'을 써줘요. 의문사 where과 명사에 강세를 주어 발음해 보세요.
억양은 명사에서 살짝 내려 마무리 합니다.

1. 오, 이런! / 제 지갑이 어디에 있나요?

Oh, my goodness! / Where is my purse?

2. 실례합니다. / 우체국이 어디에 있나요?

Excuse me. / Where is the post office?

3. 죄송합니다. / 제 신발이 어디에 있나요?

I'm sorry. / Where are my shoes?

범죄현장 목격!

지금까지 배운 내용을 참고하여 문제를 풀어봅시다.

▶PRACTICE IT!

1. 문장의 해석과 주어진 단어를 활용해 빈칸을 채워보세요. (필요할 경우, 단어의 형태를 바꾸어도 됨)

* 정답은 2번 문항에 있지만 보지 말고 혼자 힘으로 먼저 해보세요.

(1) 우리는 무대에서 어떤 노래를 부를 예정인가요? (sing: 노래하다)

What are we going to _____ on the stage?

(2) 우리는 이 비디오에서 어떤 부분에 초점을 맞출 예정인가요? (focus: 초점을 맞추다)

_____ are we going to _____ on in this video?

(3) 그는 거실을 청소하고 있는 중이다. (clean: 청소하다, 깨끗이 하다)

He is _____ the living room.

(4) 그는 남동생과 함께 게임을 하고 있는 중이다. (play: (게임, 놀이 등)을 하다)

He is _____ the game with his younger brother.

(5) 오, 이런! 제 핸드폰이 어디 있나요?

oh, my goodness. _____ _____ my phone?

(6) 실례합니다. 가장 가까운 지하철 역이 어디있나요?

_____ me. _____ is the nearest subway station?

2. 강하게 읽어야 하는 부분을 고려하여 문장을 자연스럽게 읽어봅시다. 한 번씩 읽을 때마다 옆에 있는 네모 박스에 체크(√) 표시를 해보세요. 총 5번씩 읽어보세요.

(I) **What** are we going to **sing** / on **stage**?⌢

(2) **What** are we going / to **focus** on in this **video**?⌢

(3) He is **cleaning** / the **living room**.⌢

(4) He is **playing** / the **game** with his **younger bro**ther.⌢

(5) Oh, my **goodness**. / **Where** is my **phone**?⌢

(6) **Excuse** me. / **Where** is the nearest **subway sta**tion?⌢

▶TRY IT! Do it yourself.

1. 각 그림과 그에 어울리는 표현을 연결하세요.

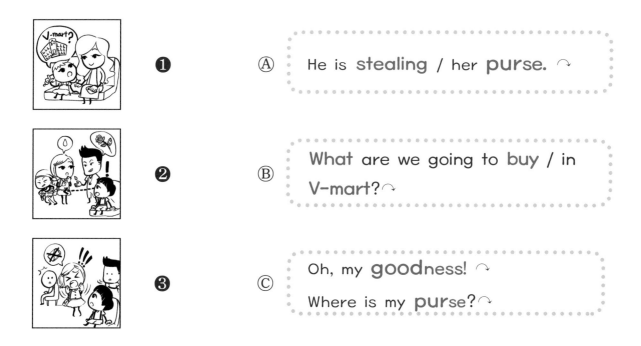

❶

Ⓐ He is **stealing** / her **purse.** ⤴

❷

Ⓑ What are we going to **buy** / in **V-mart?**⤴

❸

Ⓒ Oh, my **goodness!** ⤴
Where is my **pur**se?⤴

2. 그림과 의미를 보고, 빈칸에 알맞은 영어 표현을 써본 뒤 말해보세요.

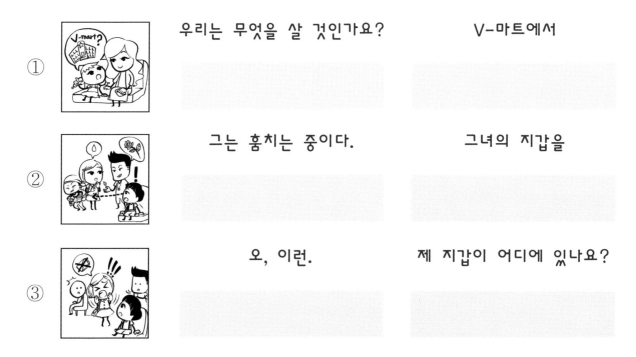

① 우리는 무엇을 살 것인가요?　　V-마트에서

② 그는 훔치는 중이다.　　그녀의 지갑을

③ 오, 이런.　　제 지갑이 어디에 있나요?

> If you want the present to be different
> from the past, study the past.
> 현재가 과거와 다르길 바란다면 과거를 공부하라.
> - Baruch Spinoza

12 도와주세요!

scene 1 특정 행동을 할 수 있는 누군가를 찾을 때 쓰는 표현 'Can anyone~?'
scene 2 예의 바르게 부탁하고 싶을 때 쓰는 표현 'Could you~?'
scene 3 확신하는 바를 말할 때 쓰는 표현 'I'm sure that~'

▶ TODAY'S DIALOGUE

Scene 1

Girl : My purse is gone and I have no idea how to find it!
Can anyone help me?
My purse was stolen.

Scene 2

Girl : I believe someone in the bus stole my purse.
Could you go to the police office?

Driver: Really? All right.
Let's go to the police office quickly.

Scene 3

Chunky : Mom, I know the guys that stole her purse.

Ms. Chunk : What do you mean?

Chunky : I definitely saw the crime scene.
I'm sure that they stole the purse.

누구 있나요?

특정 행동을 할 수 있는 누군가를 찾을 때 쓰는 표현 'Can anyone~?'을 배워봅시다.

▶CHECK IT! 그림을 보고 알맞은 답을 골라봅시다.

Q. What does she want to say?
- □ Can anyone play tennis with me?
- □ Can anyone love me?
- □ Can anyone help me?

▶SCENE SCRIPT

Girl : My purse is gone / and I have no idea / how to find it!
　　　나의 지갑이 없어졌어요 / 그리고 나는 모르겠어요 / 어떻게 그것을 찾는지
　　　Can anyone / help me? / My purse was stolen.
　　　아무도 없나요 / 저를 도와주실 / 저의 지갑이 도난당했어요.

▶STUDY & SPEAK IT! 발음을 익히고 표현을 말해봅시다.

Can anyone help me? ↻

▷형태: Can anyone 동사~?

▷해석: (동사)할 수 있는 사람 있나요?

▷의미: 해당 능력을 가졌거나, 특정 행동을 할 수 있는 사람을 찾을 때 쓰는 표현

'주어 + can + 동사'는 '(주어)가 (동사) 할 수 있다.'라고 해석합니다.
의문문인 'can 주어 (동사)~?'는 '(주어)가 (동사) 할 수 있니?'라고 해석해야겠죠?
동사 자리에 다양한 단어를 넣어 해당 능력을 가진 사람을 찾는 표현을 연습해 보세요!
참! 위 문장에서 동사 help를 발음할 때는 스펠링 그대로 정직한 [헬프]가 아닌 [헤업]에 가까워요.

1. 할 수 있는 사람 있나요? / (무엇을 하는) 테니스를 치는 / (누구와) 나와
　　Can anyone / play tennis / with me ? ↻
2. 할 수 있는 사람 있나요? / (무엇을 하는) 나를 사랑하는
　　Can anyone / love me ? ↻
3. 할 수 있는 사람 있나요? / (무엇을 하는) 나를 도와주는
　　Can anyone / help me? ↻

SCENE 2

기사님, 도와주세요!

예의 바르게 부탁하고 싶을 때 쓰는 표현 'Could you~?'를 배워봅시다.

▶CHECK IT! 그림을 보고 알맞은 답을 골라봅시다.

Q. What does she ask the bus driver?

□ Could you go to the police office?

□ Could you buy an ice cream?

□ Could you send me an E-mail?

▶SCENE SCRIPT

Girl : I believe / someone in the bus / stole my purse.
　　　나는 확실해요 / 버스에 있는 누군가가 / 나의 지갑을 훔친것을
　　　Could you / go to the police office?
　　　~해 주실수 있나요 / 경찰서로 가주실
Driver : Really? / All right. / Let's / go to the police office / quickly.
　　　정말이요? / 알겠습니다. / ~합시다. / 경찰서로 갑시다. / 지금 바로

▶STUDY & SPEAK IT! 발음을 익히고 표현을 말해봅시다.

Could you go to the police Office? ↺

▷**형태:** Could you 동사원형~?

▷**해석:** ~해주실 수 있으신가요? ▷**의미:** 더 공손하게 부탁을 할 때 사용

'Can you' 보다 'Could you'는 더 공손하게 부탁을 할 때 쓰이는 표현이에요.
동사원형 자리에 다양한 단어를 놓아 부탁하는 상황을 연출할 수 있어요.
Could you는 [쿠드 유]가 아닌 연음되어 [쿠쥬]로 발음해요.
빨간색 단어는 내용어로 다른 단어들보다 조금 더 강세를 두고 발음하세요.

1. 해 주시겠습니까? / *(무엇을)* 경찰서로 가는 것을
　　Could you / **go** to the **pOlice Office** ? ↺

2. 해 주시겠습니까? / *(무엇을)* 아이스크림을 사는 것을
　　Could you / **buy** an **ice cream** ? ↺

3. 해 주시겠습니까? / *(무엇을)* 나에게 이메일을 보내는 것을
　　Could you / **send** me an **e-mail** ? ↺

SCENE
3

저 사람들이 확실해요!

확신하는 바를 말할 때 쓰는 표현 'I'm sure that~'을 배워봅시다.

▶CHECK IT! 그림을 보고 알맞은 답을 골라봅시다.

Q. What does Chunky tell his mom?
- ☐ I'm sure that they bought the flower.
- ☐ I'm sure that they stole the purse.
- ☐ I'm sure that they went to the rest room.

▶SCENE SCRIPT

Chunky : Mom, / I know the guys / that stole her purse.
          엄마, / 저는 그 사람들을 알아요 / 그녀의 지갑을 훔친
Ms. Chunk : What do you mean?
          무슨 뜻이니?
Chunky : I definitely saw / the crime scene.
          나는 당연히 보았어요. / 범죄의 현장을
          I'm sure / that they stole the purse.
          나는 확신해요 / 그들이 지갑을 훔친 것을

▶STUDY & SPEAK IT! 발음을 익히고 표현을 말해봅시다.

I'm sure / that they stole the purse.⌒

▷형태: I'm sure that 주어 + 동사.

▷해석: 저는 ~를 확신해요.   ▷의미: 자신의 의견을 확신할 때 쓰는 표현

'sure'은 '~확신하는'이라는 뜻을 가지고 있어요. 전달하고자 하는 내용을 that 뒤에 넣고
강하게 발음해 주세요.
강세의 경우 sure(확신하다), stole(훔치다), purse(지갑)이 중요내용이므로 강하고 정확하게
발음하세요. 그 외의 내용은 강세를 받지 않는 부분이므로 빠르고 자연스럽게 발음하세요.

1. 나는 확신한다. / (무엇을) 그들이 꽃을 산 것을
   I'm sure / that they bought the flower. ⌒
2. 나는 확신한다. / (무엇을) 그들이 지갑을 훔친 것을
   I'm sure / that they stole the purse. ⌒
3. 나는 확신한다. / (무엇을) 그들이 간 것을 / (어디로) 화장실로
   I'm sure / that they went / to the restroom. ⌒

도와주세요!

지금까지 배운 내용을 참고하여 문제를 풀어봅시다.

▶PRACTICE IT!

1. 문장의 해석과 주어진 단어를 활용해 빈칸을 채워보세요. (필요할 경우, 단어의 형태를 바꾸어도 됨)

* 정답은 2번 문항에 있지만 보지 말고 혼자 힘으로 먼저 해보세요.

(1) 나와 함께 영어 공부할 수 있는 사람 있나요? (study: 공부하다, English: 영어)

Can _____ _____ English with me?

(2) 나와 함께 쇼핑 갈 사람 있나요? (go shopping: 쇼핑하러 가다)

_____ anyone _____ _____ with me?

(3) 나를 위해 파스타를 만들어주시겠습니까? (make: 만들다)

Could you _____ pasta for me?

(4) 불을 좀 꺼 주시겠습니까? (turn off: 끄다)

Could you _____ _____ the lights?

(5) 나는 그들이 돈을 많이 번 것을 확신한다. (earn: 벌다, money: 돈)

I'm sure that they _____ lots of _____.

(6) 나는 그들이 놀이동산에 간 것을 확신한다. (go: 가다, amusement park: 놀이동산)

I'm _____ that they _____ to the _____ _____.

2. 강하게 읽어야 하는 부분을 고려하여 문장을 자연스럽게 읽어봅시다. 한 번씩 읽을 때마다 옆에 있는 네모 박스에 체크(√) 표시를 해보세요. 총 5번씩 읽어보세요.

(1) Can anyone / study English / with me?↺

(2) Can anyone / go shopping / with me?↺

(3) Could you / make pasta / for me?↺

(4) Could you / turn off the lights?↺

(5) I'm sure / that they earned lots of money.↷

(6) I'm sure / that they went / to the amusement park.↷

▶TRY IT! Do it yourself.

1. 각 그림과 그에 어울리는 표현을 연결하세요.

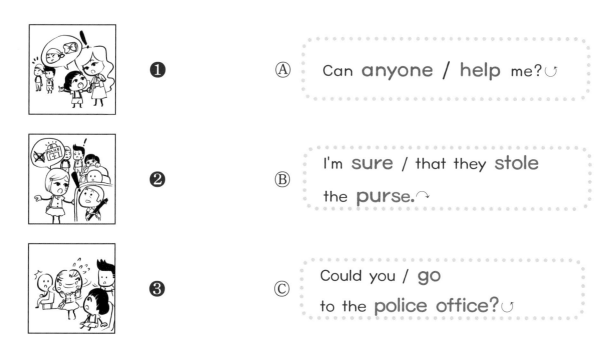

❶   Ⓐ   Can **anyone** / **help** me?↷

❷   Ⓑ   I'm **sure** / that they **stole** the **purse**.↶

❸   Ⓒ   Could you / **go** to the **police office**?↷

2. 그림과 의미를 보고, 빈칸에 알맞은 영어 표현을 써본 뒤 말해보세요.

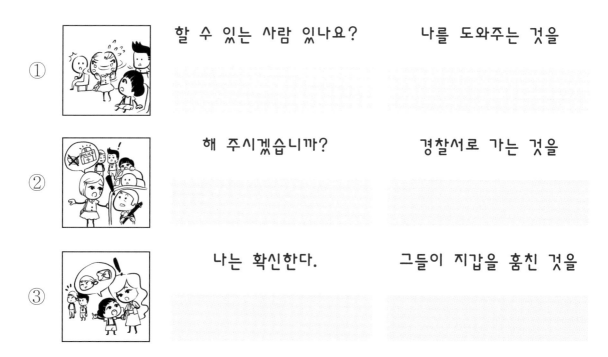

①   할 수 있는 사람 있나요?   나를 도와주는 것을

②   해 주시겠습니까?   경찰서로 가는 것을

③   나는 확신한다.   그들이 지갑을 훔친 것을

Laughter is by definition healthy.
웃음은 그 자체로 건강하다
- Doris Lessing -

UNIT

13 경찰서에서 생긴 일

scene 1 의무나 당위성을 나타내고 싶을 때 쓰는 표현 'must'
scene 2 특정 장소에서 어떤 감정을 느끼는지 나타낼 때 쓰는 표현 'feel + 형용사 in 장소'
scene 3 과거 사실에 대한 후회나 유감을 나타낼 때 쓰는 표현 'should have p.p.'

▶ TODAY'S DIALOGUE

Scene 1

Police Officer : **You must stand in line.**

Hey there, take out your belongings.

Scene 2 (과거 회상 장면)

Mr. Bad : Oh, we're in big trouble.

Mr. Evil : **I feel nervous in the police office.**

Scene 3

Ms. Chunk : Oh, no, we're going to be late!

I should have gone to V-mart by now.

SCENE 1 · 경찰서에만 오면...

의무나 당위성을 나타내고 싶을 때 쓰는 표현 'You must 동사원형'을 배워봅시다.

▶CHECK IT! 그림을 보고 알맞은 답을 골라봅시다.

Q. What does the police officer want to say?
- ☐ You must get up early.
- ☐ You must stand in line.
- ☐ You must do your homework.

▶SCENE SCRIPT

Police Officer : **You must / stand in line.**
너는 해야만 해 / 줄서는 것을
Hey there, / take out your belongings.
어이 거기, / 소지품을 꺼내.

▶STUDY & SPEAK IT! 발음을 익히고 표현을 말해봅시다.

You must stand in line.↷

▷형태: 주어 + must + 동사 원형
▷해석: (주어)는 ~해야 한다.   ▷의미: 의무, 당위성

조동사 must는 반드시 해야 하는 의무, 당위성을 표현할 때 많이 쓰여요.
must 뒤에는 동사 원형이 오게 되고, must가 조동사이기 때문에 주어의 인칭, 수에
영향을 받지 않아요!
stand in을 [스탠드 인]처럼 낱말 하나하나를 발음하는 것이 아니라 [스탠딘]으로 연결해서
자연스럽게 발음하세요. 강세를 받는 stand는 강하고 길게, 강세를 받지 않는 부분인
"in"은 앞 낱말에 붙여서 짧고 약하게 발음하기 때문이랍니다.

1. 너는 해야만 해. / (무엇을) 줄 서는 것을
   You must / stand in line. ↷
2. 너는 해야만 해. / (무엇을) 일찍 일어나는 것을
   You must / get up early. ↷
3. 너는 해야만 해. / (무엇을) 숙제 하는 것을
   You must / do your homework. ↷

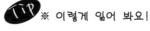 ※ 이렇게 읽어 봐요!
1. 지휘를 하듯이 읽기
2. 어깨를 으쓱, 머리를 위아래로
   강세 따라 읽기

SCENE
2

경찰서에만 오면...

특정 장소에서 어떤 감정을 느끼는지 나타낼 때 쓰는 표현
'I feel 형용사 in 장소'을 배워봅시다.

▶CHECK IT! 그림을 보고 알맞은 답을 골라봅시다.

I feel nervous in the police office

Q. How do they feel now?

☐ They feel excited in the park.

☐ They feel nervous in the police office.

☐ They feel relieved in the restroom.

▶SCENE SCRIPT

Mr. Bad : Oh, / we're in / big trouble.

　　　　　오, / 우리는 놓여있어. / 큰 문제에

Mr. Evil : I feel / nervous / in the police office.

　　　　　나는 느껴. / 불안하게 / 경찰서에서

▶STUDY & SPEAK IT! 발음을 익히고 표현을 말해봅시다.

I feel **nervous** in the police **O**ffice.↷

▷형태: I feel + 형용사 in 장소.

▷해석: ~에서 ― 한 감정을 느껴요.　▷의미: 특정 장소에서의 감정 묘사

감정을 나타내는 형용사는 'surprised(놀란),' 'nervous(긴장한),' 'relieved(안심하는),'
'happy(기쁜)' 등이 있습니다.
동사 feel 뒤에 쓰여 어떤 감정을 느끼고 있는지 표현할 수 있어요.
'감정'에 해당하는 단어와 '장소'에 해당하는 단어를 강세를 넣어 발음해야 해요.
특히 feel의 'f'는 윗니를 입술에 붙인 채 [ㅍ]를 발음하도록 합니다.

1. 나는 느껴. / (어떻게) 신나게 / (어디에서) 공원에서

   I feel / **excited** / in the **park**.↷

2. 나는 느껴. / (어떻게) 불안하게 / (어디에서) 경찰서에서

   I feel / **nervous** / in the **police Office**.↷

3. 나는 느껴. / (어떻게) 안심하게 / (어디에서) 화장실에서

   I feel / **relieved** / in the **restroom**.↷

SCENE 3

이러고 있을 때가 아닌데...

과거 사실에 대한 후회나 유감을 나타낼 때 쓰는 표현
'should have 과거분사'를 배워봅시다.

▶CHECK IT! 그림을 보고 알맞은 답을 골라봅시다.

Q. What does Mom Chunk want to say?
- ☐ I should have told my husband.
- ☐ I should have eaten breakfast.
- ☐ I should have gone to V-mart.

▶SCENE SCRIPT

Ms. Chunk : Oh, no, / we're going to / be late!

오, 이런, / 우리는 할 거야. / 늦을

I should have / gone to V-mart / by now.

나는 했어야만 했어. / V-마트로 가는 것을 / 지금쯤은

▶STUDY & SPEAK IT! 발음을 익히고 표현을 말해봅시다.

I should have gone to V-mart.↷

▷형태: I should have 과거분사

▷해석: (~했어야 했는데) ~하지 못했다.   ▷의미: 하지 못한 행동에 대한 후회

이 표현은 말하는 시점(보통 현재)에서 과거 사실에 대한 후회나 유감을 나타내요.
여기서 중요한 것은 동사의 과거 분사가 should have 뒤에 온다는 것이에요.
should have를 [슈드 해브]라고 읽기도 하지만 [슈러브]이라고 발음하기도 해요.
여기서 gone은 'go (가다)'의 과거분사에요.

1. 나는 했어야 했어. / *(무엇을)* V-mart로 가는 것을
   I should have / gone to V-mart. ↷
2. 나는 했어야 했어. / *(무엇을)* 아침밥을 먹는 것을
   I should have / eaten breakfast. ↷
3. 나는 했어야 했어. / *(무엇을)* 내 이야기를 말하는 것을
   I should have / told my story. ↷

경찰서에서 생긴일

지금까지 배운 내용을 참고하여 문제를 풀어봅시다.

▶PRACTICE IT!

I. 문장의 해석과 주어진 단어를 활용해 빈칸을 채워보세요. (필요할 경우, 단어의 형태를 바꾸어도 됨)
* 정답은 2번 문항에 있지만 보지 말고 혼자 힘으로 먼저 해보세요.

(I) 너는 이번 주 금요일까지 숙제를 끝내야 한다. (finish one's homework: 숙제를 끝내다)

   You must _____ _____ _____ by this Friday.

(2) 너는 약속을 지켜야 한다. (keep: 지키다)

   You _____ _____ your promise.

(3) 나는 집에서 편안함을 느껴. (comfortable: 편안한)

   I feel _____ at home.

(4) 나는 운동장에서 신나는 것을 느껴 (excited: 신이 나는)

   I _____ _____ in the playground.

(5) 나는 다른 사람들의 의견을 존중했어야 했어. (respect: 존중하다, 존경하다)

   I should have _____ other people's opinions.

(6) 나는 어제 그 일을 끝냈어야 했어. (finish: 끝내다)

   I _____ _____ _____ the work yesterday.

2. 강하게 읽어야 하는 부분을 고려하여 문장을 자연스럽게 읽어봅시다. 한 번씩 읽을 때마다 옆에
   있는 네모 박스에 체크(√) 표시를 해보세요. 총 5번씩 읽어보세요.

(I) You **must** / **finish** your **home**work.↷

(2) You **must** / **keep** your **pro**mise.↷

(3) I feel / **com**fortable / at **home**.↷

(4) I feel / **exci**ted / in the **play gro**und.↷

(5) I should have / **respec**ted other **peo**ple's o**pin**ions.↷

(6) I should have / **fin**ished the **work** yesterday.↷

▶TRY IT! Do it yourself.

1. 각 그림과 그에 어울리는 표현을 연결하세요.

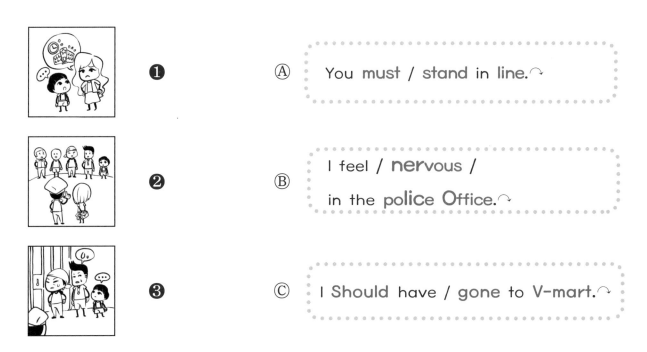

❶

Ⓐ You must / stand in line.⌒

❷

Ⓑ I feel / **nervous** / in the police Office.⌒

❸

Ⓒ I Should have / gone to V-mart.⌒

2. 그림과 의미를 보고, 빈칸에 알맞은 영어 표현을 써본 뒤 말해보세요.

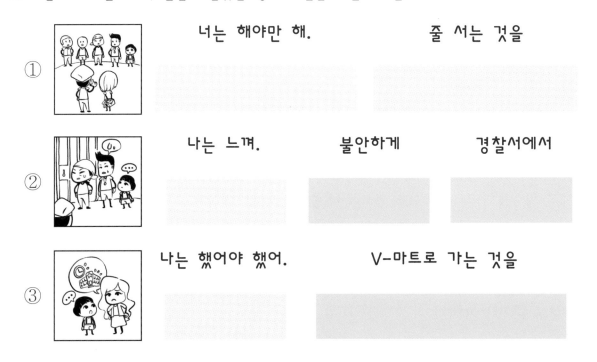

① 너는 해야만 해.   줄 서는 것을

② 나는 느껴.   불안하게   경찰서에서

③ 나는 했어야 했어.   V-마트로 가는 것을

I never dreamed about success,
I worked for it.
나는 결코 성공에 대해 꿈꾸지 않았다,
나는 꿈을 위해 행동했다.
-Estee Lauder-

UNIT
14 범인을 찾아라!

scene 1 사람을 더 자세하게 묘사할 때 쓰는 표현 'I saw the person who 동사'
scene 2 상대방 행동의 의도에 대해 의문점을 품었을 때 사용할 수 있는 표현 'How could you 동사~?'
scene 3 무엇을 이해하고 확신하는지를 나타낼 때 쓰는 표현 'I understand~'

▶ TODAY'S DIALOGUE

Scene 1

Chunky : I saw the person who stole the purse.

Scene 2

Mr. Bad : What?
       How could you say that?

Police Officer : All right, Boy, do you have any information?

Mr. Bad :(Mr. Bad intervened) No, I don't have anything!

Scene 3

Police Officer : Now, I understand you're the thief.
       Take him away!

SCENE 1

제가 봤어요.

사람을 더 자세하게 묘사할 때 쓰는 표현 'I saw the person who 동사'를 배워봅시다.

▶CHECK IT! 그림을 보고 알맞은 답을 골라봅시다.

Q. What does Chunky want to say?
- ☐ I saw the person who sang a song.
- ☐ I saw the person who did a bungee jump.
- ☐ I saw the person who stole the purse.

▶SCENE SCRIPT

Chunky : **I saw the person / who stole the purse.**
내가 그 사람을 봤어요. /   지갑을 훔치던

▶STUDY & SPEAK IT! 발음을 익히고 표현을 말해봅시다.

I saw the person / who stole the purse.↷

▷형태: I saw the person who 동사(과거시제)

▷해석: 나는 ~한 사람을 보았다.

▷의미: 내가 봤던 사람이 어떤 사람인지 묘사할 때 쓰는 표현

who + 동사(과거시제)는 the person 뒤에 쓰여서 그 사람이 어떤 사람인지 꾸며주는
역할을 해요. 주요 절에 동사가 saw(보았다)로 과거 시제로 쓰였기 때문에 who 뒤에 있는
동사도 현재시제 'steal'이 아닌 과거시제 'stole'로 맞춰주어야 해요.
person(펼슨)의 p(ㅍ)를 발음할 때는 윗입술과 아랫입술을 붙였다가 떼면서 발음하세요.

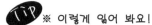

※ 이렇게 읽어 봐요!
1. 지휘를 하듯이 읽기
2. 어깨를 으쓱, 머리를 위아래로
강세 따라 읽기

1. 나는 사람을 보았어. / (어떤) 노래를 불렀던
   I saw the person / who sang a song.↷
2. 나는 사람을 보았어. / (어떤) 번지점프를 했던
   I saw the person / who did a bungee jump. ↷
3. 나는 사람을 보았어. / (어떤) 지갑을 훔쳤던
   I saw the person / who stole the purse. ↷

SCENE 2 — 뭐? 내가 도둑이라고?

상대방 행동의 의도에 대해 의문점을 품었을 때 사용할 수 있는 표현
'How could you 동사~?'을 배워봅시다.

▶**CHECK IT!** 그림을 보고 알맞은 답을 골라봅시다.

Q. What does Mr. Bad want to say?
- ☐ How could you say that?
- ☐ How could you steal that?
- ☐ How could you buy a car?

▶**SCENE SCRIPT**

Mr. Bad : What? / **How could you / say that?**
　　　　 뭐? / 너는 어떻게 할 수 있니? / 그렇게 말하는 것을

Police Officer : All right, / Boy, / do you have / any information?
　　　　 그래, / 얘야, / 너는 가지고 있니? / 정보를

Mr. Bad : (Mr. Bad intervened) No, / I don't have / anything!
　　　　 (Mr. Bad가 끼어들며) 아뇨, / 나는 가진 것이 없어요. / 아무 것도

▶**STUDY & SPEAK IT!** 발음을 익히고 표현을 말해봅시다.

How could you / Say that?⌒

▷**형태:** How could you 동사 원형~?

▷**해석:** 너는 어떻게 ~할 수 있니? ▷**의미: 상대방 행동의 의중 묻기**

'How could you 동사원형'에서 'how'는 '어떻게'라는 의미를 가졌어요. 따라서 그러한
행동(=동사)를 어떻게 할 수 있는지, 상대방의 의중을 묻는 표현이에요.
어떻게(How) 말하니(say)가 중심내용이니까 길고 강하게 발음하고, could you와 that은
내용 전달을 돕는 것이니 짧고 약하게 발음하세요.
could you(쿠드 유)가 아니라(쿠쥬)로 발음하세요.

1. 너는 어떻게 할 수 있니? / (무엇을) 그렇게 말하는 것을
　 How could you / say that?⌒
2. 너는 어떻게 할 수 있니? / (무엇을) 저것을 훔치는 것을
　 How could you / steal that?⌒
3. 너는 어떻게 할 수 있니? / (무엇을) 차를 사는 것을
　 How could you / buy a car?⌒

SCENE 3

앗! 당신이군!

무엇을 이해하고 확인하는지를 나타낼 때 쓰는 표현 'I understand~'을 배워봅시다.

▶CHECK IT!

그림을 보고 알맞은 답을 골라봅시다.

Q. What does the police officer want to say?
- ☐ Now, I understand she's a fire fighter.
- ☐ Now, I understand you're the thief.
- ☐ Now, I understand he's a superstar.

▶SCENE SCRIPT

Police Officer : **Now, I understand / you're the thief.** / Take him away!
이제, 나는 알겠구나. / 네가 그 도둑이란 것을 / 그를 체포해!

▶STUDY & SPEAK IT! 발음을 익히고 표현을 말해봅시다.

Now, I understand you're the thief.

▷형태: I understand 주어 + 동사

▷해석: 나는 ~를 이해해요.   ▷의미: 이해를 나타내는 표현

동사 understand(이해하다) 뒤에는 주어와 동사가 모두 있는 완벽한 형태의
문장이 나와야 해요.
understand와 you're이 연음이 되어 [언더스탠 쥬얼(쥘)] 이라고 발음합니다.

1. 이제, 나는 이해해. / (무엇을) 그녀가 소방관이라는 것을
   Now, I understand / she's a firefighter.
2. 이제, 나는 이해해. / (무엇을) 당신이 그 도둑이라는 것을
   Now, I understand / you're the thief.
3. 이제, 나는 이해해. / (무엇을) 그가 슈퍼스타라는 것을
   Now, I understand / he's a superstar.

REVIEW

범인을 찾아라!

지금까지 배운 내용을 참고하여 문제를 풀어봅시다.

▶PRACTICE IT!

1. 문장의 해석과 주어진 단어를 활용해 빈칸을 채워보세요. (필요할 경우, 단어의 형태를 바꾸어도 됨)

* 정답은 2번 문항에 있지만 보지 말고 혼자 힘으로 먼저 해보세요.

(1) 나는 기타를 치는 사람을 봤다. (play: 연주하다)

I saw the person who _____ the guitar.

(2) 나는 무대 위에서 춤을 추는 사람을 봤다. (dance: 춤을 추다)

I saw the person _____ _____ on the stage.

(3) 너는 어떻게 나에게 거짓말을 할 수 있니? (tell a lie: 거짓말하다)

How could you _____ _____ _____ to me?

(4) 너는 어떻게 그렇게 모두에게 무례할 수가 있니? (be impolite: 무례하다)

How could you _____ _____ to everyone like that?

(5) 나는 그녀가 그 게임의 우승자라는 것을 알아. (the winner: 우승자)

I understand she is _____ _____ of the game.

(6) 나는 우리 담임선생님이 영어 선생님이라는 것을 알아. (teach English: 영어를 가르치다)

I _____ my homeroom teacher _____ _____.

2. 강하게 읽어야 하는 부분을 고려하여 문장을 자연스럽게 읽어봅시다. 한 번씩 읽을 때마다 옆에 있는 네모 박스에 체크(√) 표시를 해보세요. 총 5번씩 읽어보세요.

(1) I **saw** the **person** / who **played** the **guitar**.⌢

(2) I **saw** the **person** / who **danced** on the **stage**.⌢

(3) **How** could you / **tell** a **lie** to me?⌢

(4) **How** could you / be **impolite** to **everyone** like that?⌢

(5) I **under**stand / she is the **winner** of the **game**.⌢

(6) I **under**stand / my homeroom teacher teaches **Eng**lish.⌢

▶TRY IT! Do it yourself.

1. 각 그림과 그에 어울리는 표현을 연결하세요.

❶   Ⓐ   I saw the **per**son / who stole the **pur**se. ⤺

❷   Ⓑ   How could you / **say** that? ⤺

❸   Ⓒ   Now, I unders**tand** / you're the thief. ⤺

2. 그림과 의미를 보고, 빈칸에 알맞은 영어 표현을 써본 뒤 말해보세요.

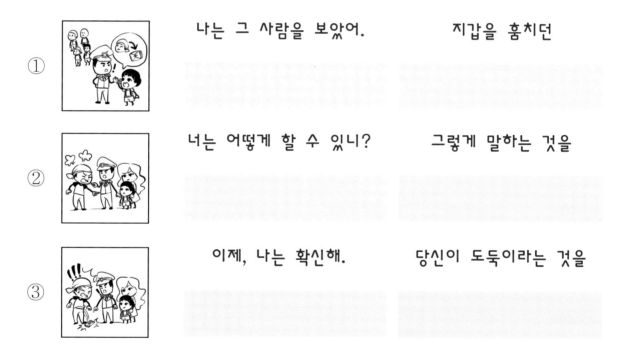

①   나는 그 사람을 보았어.   지갑을 훔치던

②   너는 어떻게 할 수 있니?   그렇게 말하는 것을

③   이제, 나는 확신해.   당신이 도둑이라는 것을

> The best way to predict the future is to invent it.
> 미래를 예측하는 최선의 방법은 미래를 창조하는 것이다.
> - Alan Kay

UNIT

15 범인 체포 성공!

scene 1 걱정스러움을 나타낼 때 사용할 수 있는 표현 'I am worried that~'
scene 2 단어의 철자 모를 때 사용할 수 있는 표현 'How do you spell~?'
scene 3 무언가를 확인하고 싶을 때 사용할 수 있는 표현 'Can I check~?'

▶ TODAY'S DIALOGUE

Scene 1

Mr. Bad & Mr. Evil : Oh, my god.
We are not finished.

Ms. Chunk : I am worried that
Chunky might be in trouble.

Scene 2

Police Officer : No problem.
We can protect your son.
How do you spell your name?

Scene 3

Police Officer : Can I check your ID card?

Ms. Chunk : Oops. I guess I left my ID card behind.
Can you call my husband and
check my personal information?

SCENE
1

걱정스러워!

걱정스러움을 나타낼 때 사용할 수 있는 표현 'I am worried that~'을 배워봅시다.

▶CHECK IT! 그림을 보고 알맞은 답을 골라봅시다.

Q. What does Ms. Chunk want to say?
- ☐ I am worried that Mr. Chunk might be fired.
- ☐ I am worried that Sis Chunk might be late.
- ☐ I am worried that Chunky might be in trouble.

▶SCENE SCRIPT

Mr. Bad & Mr. Evil : Oh, my god. / We are not finished.
오, 이런, / 우리는 끝나지 않았어.

Ms. Chunk : I am worried / that Chunky / might be in trouble.
나는 걱정이야. / 청키가 / 위험에 처할지도 모르는 것이

▶STUDY & SPEAK IT! 발음을 익히고 표현을 말해봅시다.

I am worried that Chunky might be in trouble.⌒

▷형태: I am worried that 주어 + might 동사원형

▷해석: (주어)가 ~할지도 모르는 것이 걱정된다.

▷의미: (주어)가 어떤 행동을 할지도 모르는 것이 걱정될 때 쓰는 표현

조동사 might는 '~할지도 모른다' 라는 의미를 가지고, 뒤에 동사 원형이 와야 해요.
worried에서 'ed'와 that에서 [ㄷ] 발음이 겹치므로 겹치는 발음을 두 번 발음하지
않고 길게 처리해요. [아임 워리댓-] 으로 발음합니다.
that은 걱정하는 내용을 소개하는 단어로 강하게 발음하지 않아요.

1. 나는 걱정이야. / (누가) 청키가 / (무엇이) 위험에 처할지도 모르는 것이
   I am worried / that Chunky / might be in trouble. ⌒
2. 나는 걱정이야. / (누가) 여동생 청키가 / (무엇이) 늦을지도 모르는 것이
   I am worried / that Sis Chunky / might be late. ⌒
3. 나는 걱정이야. / (누가) 청크 아빠가 / (무엇이) 해고될지도 모르는 것이
   I am worried / that Mr. Chunky / might be fired. ⌒

철자를 어떻게 쓰나요?

단어의 철자를 모를 때 사용할 수 있는 표현 'How do you spell 명사?'를 배워봅시다.

▶CHECK IT! 그림을 보고 알맞은 답을 골라봅시다.

Q. What does the police officer want to say?
- ☐ How do you spell this word in English?
- ☐ How do you spell it in Korean?
- ☐ How do you spell your name?

▶SCENE SCRIPT

Police Officer : No problem. /　We can protect　/ your son.
　　　　　　　　　문제없어요.　 / 우리는 보호할 수 있어요. / 당신의 아들을
　　　　　　　　　How do you spell / your name?
　　　　　　　　　철자를 어떻게 쓰나요? / 당신의 이름을

▶STUDY & SPEAK IT! 발음을 익히고 표현을 말해봅시다.

How do you spell / your name?⤸

▷형태: How do you spell + 명사?

▷해석: (명사)의 철자를 어떻게 쓰나요?

▷의미: 철자를 묻는 표현

'spell'은 '철자를 말하다(쓰다)'라는 뜻이에요. 'spelling'은 '철자'라는 뜻이구요.
처음 듣는 단어의 스펠링이 궁금할 때가 있지 않나요? 그럴 때 (명사) 자리에 스펠링이
궁금한 단어를 넣으면 됩니다. 어떻게(How) 쓰니(spell) 네 이름(name)의 세 단어가
중심 내용을 전달하니까 강하고 길게 읽어요. 나머지는 짧고 약하게 읽으면 돼요.

1. 철자를 어떻게 쓰나요? / (무엇을) 이 단어를 / (무엇으로) 영어로
   How do you spell　　/　this word　　/　in English? ⤸
2. 철자를 어떻게 쓰나요? / (무엇을) 이것을 / (무엇으로) 한국어로
   How do you spell　　/　it　/　in Korean? ⤸
3. 철자를 어떻게 쓰나요? / (무엇을) 당신의 이름을
   How do you spell　　/　your name? ⤸

SCENE 3

확인할 수 있을까요?

무언가를 확인하고 싶을 때 사용할 수 있는 표현 'Can I check~?'을 배워봅시다.

▶CHECK IT! 그림을 보고 알맞은 답을 골라봅시다.

Q. What does the police officer want to say?
- ☐ Can I check your ID card?
- ☐ Can I check your schedule?
- ☐ Can I check your homework?

▶SCENE SCRIPT

Police Officer : Can I check / your ID card?

제가 확인할 수 있을까요? / 당신의 신분증을

Ms. Chunk : Oops. / I guess / I left / my ID card behind.

저런 / 저는 짐작해요 / 제가 떠났다는 것을 / 제 신분증을 남겨두고

Can you call / my husband / and check / my personal information?

당신은 전화할 수 있나요? / 제 남편에게 / 그리고 확인할 수 있나요? / 제 개인정보를

▶STUDY & SPEAK IT! 발음을 익히고 표현을 말해봅시다.

Can I check your ID card? ↺

▷형태: Can I check your + 명사?

▷해석: (명사)를 제가 확인할 수 있을까요?

▷의미: 무엇인가를 확인하고 싶다고 요청할 때 쓰는 표현

여러분이 확인하고 싶은 대상을 (명사)자리에 넣어주세요.
Can [캔] 과 I [아이]는 연음이 되어 [캐나-이]로 발음하고, check [첵] your [유어]
또한 연음이 되어 [체-큐얼]과 비슷하게 발음이 됩니다. 연음과 강세에 주의하며 읽어보세요.

1. 제가 확인할 수 있을까요? / (무엇을) 당신의 신분증을
   Can I check / your ID card? ↺
2. 제가 확인할 수 있을까요? / (무엇을) 당신의 스케줄을
   Can I check / your schedule? ↺
3. 제가 확인할 수 있을까요? / (무엇을) 당신의 숙제를
   Can I check / your homework? ↺

범인 체포 성공!

지금까지 배운 내용을 참고하여 문제를 풀어봅시다.

▶PRACTICE IT!

I. 문장의 해석과 주어진 단어를 활용해 빈칸을 채워보세요. (필요할 경우, 단어의 형태를 바꾸어도 됨)

* 정답은 2번 문항에 있지만 보지 말고 혼자 힘으로 먼저 해보세요.

(1) 나는 그녀가 나의 농담에 질릴까봐 걱정이야. (be tired of: ~에 질리다)

I am worried that she might _____ _____ _____ my jokes.

(2) 나는 내 아들이 늦잠을 잘까봐 걱정이야. (oversleep: 늦잠자다)

I am _____ that my son _____ _____.

(3) 이 단어의 철자를 일본어로 어떻게 쓰나요?

_____ do you _____ this word in Japanese?

(4) 당신 딸 이름의 철자를 한국어로 어떻게 쓰나요?

_____ do you _____ your daughter's name in Korean?

(5) 제가 당신의 여권을 확인할 수 있을까요? (passport: 여권)

Can I check your _____?

(6) 제가 당신의 가방을 확인할 수 있을까요?

_____ I _____ your _____?

2. 강하게 읽어야 하는 부분을 고려하여 문장을 자연스럽게 읽어봅시다. 한 번씩 읽을 때마다 옆에 있는 네모 박스에 체크(√) 표시를 해보세요. 총 5번씩 읽어보세요.

(1) I am **worried** / that she might be **tired** of my **jokes**.⌢

(2) I am **worried** / that my **son** might **oversleep**.⌢

(3) **How** do you **spell** / this **word** / in **Japanese**?⌢

(4) **How** do you **spell** / your **daughter's name** / in **Korean**?⌢

(5) Can I **check** / your **passport**?⌣

(6) Can I **check** / your **bag**?⌣

▶TRY IT! Do it yourself.

I. 각 그림과 그에 어울리는 표현을 연결하세요.

❶

Ⓐ How do you spell / your name?⌒

❷

Ⓑ Can I check / your ID card?↻

❸

Ⓒ I am **worried** / that Chunky / might   be in **trouble**.⌒

2. 그림과 의미를 보고, 빈칸에 알맞은 영어 표현을 써본 뒤 말해보세요.

① 	나는 걱정된다.	청키가	위험에 처할지도 모르는 것이
②	철자를 어떻게 쓰나요?	당신의 이름을	
③ 	제가 확인할 수 있을까요?	당신의 신분증을	

> Learning is a treasure that will follow
> its owner everywhere.
> 배움은 주인을 어디서든 따라다니는 보물이에요.
> Chinese proverb

16 경찰서에서 걸려온 전화

scene 1 전화통화를 시작할 때 쓰는 표현 'This is 이름. May I speak to~?'
scene 2 안심했을 때 쓰는 표현 'I am relieved to~.'
scene 3 무엇인가를 말해달라고 요청할 때 쓰는 표현 'Can you say~?'

▶ TODAY'S DIALOGUE

Scene 1

Police Officer : Hello? This is a police officer.
May I speak to Mr. Chunk?

Mr. Chunk : This is Mr. Chunk speaking.
Is there a problem with
my children?

Scene 2

Police Officer : No, I just want to check something.
Nothing serious.

Mr. Chunk : Whew,
I am relieved to hear that.

Scene 3

Police Officer : Your daughter, son and wife
helped to catch some thieves.
Mr. Chunk : What?
Can you say that again?

SCENE 1

여보세요?

전화통화를 시작할 때 쓰는 표현 'This is 이름. May I speak to~?'을 배워봅시다.

▶CHECK IT! 그림을 보고 알맞은 답을 골라봅시다.

Q. What does the police officer want to say?

☐ This is a police officer. May I speak to Mr. Chunk?

☐ This is Barack Obama. May I speak to Mrs. Obama?

☐ This is Jennifer. May I speak to your boss?

▶SCENE SCRIPT

Police Officer : Hello? / This is a police officer. / May I speak to / Mr. Chunk?

여보세요? / 저는 경찰인데요. / 통화할 수 있나요? / 청크씨와

Mr. Chunk : This is Mr. Chunk speaking. / Is there a problem / with my children?

제가 Mr. Chunk인데 말씀하세요. / 어떤 문제라도 있나요? / 제 아이들에게

▶STUDY & SPEAK IT! 발음을 익히고 표현을 말해봅시다.

This is a police Officer.⌒ May I speak / to Mr. Chunk?↺

▷형태: This is (내 이름). May I speak to (통화하고자 하는 사람 이름)?

▷해석: 저는 ~입니다. ~를 바꿔주시겠어요?   ▷의미: 통화할 때 쓸 수 있는 표현

영어로 전화를 하면서 자기를 소개할 때는 "This is 이름.", 누구와 통화하고 싶다고 말할 때는 "May I speak to 상대방 이름?"으로 표현한답니다. 익혀두면 유용하게 사용할 수 있겠죠? 빨간색 진한 부분을 강하게 읽어야 하는 것 잊지 마세요!

l. 저는 경찰인데요.   / 통화할 수 있을까요? / (누구와) 청크씨와↺

This is a pOlice Officer. ⌒ / May I speak / to Mr. Chunk? ↺

2. 저는 Jane인데요. / 통화할 수 있을까요? / (누구와) 제 친구, Kate와

This is Jane. ⌒ / May I speak / to my friend, Kate? ↺

3. 저는 제니퍼인데요. / 통화할 수 있을까요? / (누구와) 당신의 상관과

This is Jennifer. ⌒ / May I speak / to your boss? ↺

SCENE 2

이제야 안심이네요.

안심했을 때 쓰는 표현 'I am relieved to~'을 배워봅시다.

▶CHECK IT! 그림을 보고 알맞은 답을 골라봅시다.

Q. What does Mr. Chunk want to say?

□ I am relieved to meet you.

□ I am relieved to hear that.

□ I am relieved to finish this.

▶SCENE SCRIPT

Police Officer : No, / I just want / to check something. / Nothing serious. /

아뇨. / 저는 단지 원해요. / 무엇인가를 확인하는 것을. / 심각한 건 없어요.

Mr. Chunk : Whew, / **I am relieved / to hear that.**

휴, / 저는 안심이 돼요. / 그것을 들으니 /

▶STUDY & SPEAK IT! 발음을 익히고 표현을 말해봅시다.

I am relieved to hear that.⌒

▷형태: I am relived to 동사원형.

▷해석: 나는 ~ 하니 안심이 돼요.

▷의미: 무엇 때문에 안심했는지 나타낼 때 쓰는 표현

to 동사원형은 우리가 'to 부정사' 라고 부르는데, relieved(안심한)한 감정을 느끼는 이유를 설명해주는 역할을 해요. 빨간색으로 굵게 표시된 단어는 내용어에요. 중요한 내용을 전달하기 때문에 강하게 읽어주세요.

1. 나는 안심이 돼요. / (무엇을 하니) 그것을 들으니

   I am **relieved** / to **hear** that. ⌒

2. 나는 안심이 돼요. / (무엇을 하니) 이것을 끝내니

   I am **relieved** / to **finish** this. ⌒

3. 나는 안심이 돼요. / (무엇을 하니) 당신을 만나니

   I am **relieved** / to **meet** you. ⌒

SCENE 3

뭐라고요?

무엇인가를 말해달라고 요청할 때 쓰는 표현 'Can you say~?'를 배워봅시다.

▶CHECK IT! 그림을 보고 알맞은 답을 골라봅시다.

Q. What does Mr. Chunk want to say?
- ☐ Can you say that you love me?
- ☐ Can you say that again?
- ☐ Can you say that I am handsome?

▶SCENE SCRIPT

Police Officer : Your daughter, son and wife / helped / to catch some thieves.
당신의 딸, 아들 그리고 아내가 / 도왔어요. / 도둑을 잡는 것을

Mr. Chunk : What? / Can you say / that / again?
뭐라고요? / 말할 수 있나요? / (무엇을) 그것을 / 다시

▶STUDY & SPEAK IT! 발음을 익히고 표현을 말해봅시다.

Can you say that again? ↺

▷형태: Can you say~?
▷해석: ~를 다시 말해줄 수 있나요?
▷의미: 무엇인가를 다시 말해달라고 요청할 때 쓰는 표현

Can you say that 뒤에 주어와 동사가 있는 문장을 말해, 그 문장을 다시 말해줄 수 있는지 요청하는 표현으로 쓸 수 있습니다. 이해를 못했거나 제대로 듣지 못했을 때 말할 수 있어요. 그런데 위 예문에서 that은 '방금 전에 네가 했던 그 말'을 의미하는 지시 대명사여서 뒤에 문장이 오지 않아요! say와 again은 내용어로 강세를 넣어 발음합니다.
이 의문문은 again에서 살짝 억양을 올려주세요.

1. 말해줄 수 있겠어요? / (무엇을) 너는 나를 사랑한다는 것을
   Can you **say** / that you **love** me? ↺
2. 말해줄 수 있겠어요? / (무엇을) 그것을 다시
   Can you **say** / that **again**? ↺
3. 말해줄 수 있겠어요? / (무엇이라고) 내가 잘생겼다고
   Can you **say** / that I am **handsome**? ↺

경찰서에서 걸려온 전화

지금까지 배운 내용을 참고하여 문제를 풀어봅시다.

▶PRACTICE IT!

I. 문장의 해석과 주어진 단어를 활용해 빈칸을 채워보세요. (필요 시, 어형변화할 것)

* 정답은 2번 문항에 있지만 보지 말고 혼자 힘으로 먼저 해보세요.

(1) 저는 담임선생님인데요. Amy와 통화할 수 있을까요?

This is Amy's homeroom teacher. _____ I _____ to Amy?

(2) 저는 손님인데요. 점원과 통화할 수 있을까요?

_____ is a customer. May I _____ _____ the clerk?

(3) 나는 내 마음을 솔직하게 털어놓으니 안심이 된다.

I am _____ to tell my mind frankly.

(4) 나는 재난을 대비한 비상식량을 사 놓으니 안심이 된다. (buy: 사다)

I am _____ _____ _____ emergency food for a disaster.

(5) 내가 제 시간에 왔다고 우리 엄마한테 말해줄 수 있겠어요? (arrive: 도착하다)

Can you _____ that I _____ in time to my mom?

(6) 이 옷이 잘 어울린다고 말해 줄 수 있어요? (suit: 어울리다)

Can you say that this clothing _____ me well?

2. 강하게 읽어야 하는 부분을 고려하여 문장을 자연스럽게 읽어봅시다. 한 번씩 읽을 때마다 옆에 있는 네모 박스에 체크(√) 표시를 해보세요. 총 5번씩 읽어보세요.

(1) This is Amy's **homeroom tea**cher.⌒ / May I **speak** / to **Amy**?↻

(2) This is a **cus**tomer.⌒ / May I **speak** / to the **clerk**?↻

(3) I am **relived** / to **tell** my **mind** frankly.⌒

(4) I am **relived** / to **buy em**ergency **food** for a di**sas**ter.⌒

(5) Can you **say** / that I a**rrived** in **time** to my **mom**?↻

(6) Can you **say** / that this **clo**thing **sui**ts me **well**?↻

▶TRY IT! Do it yourself.

1. 각 그림과 그에 어울리는 표현을 연결하세요.

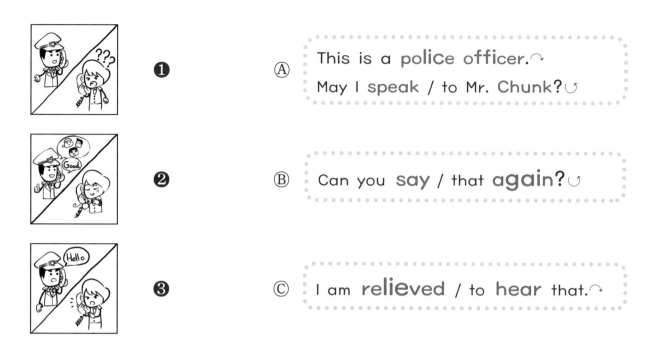

❶ — Ⓐ This is a **police officer.** ⌢
      May I speak / to Mr. Chunk? ↺

❷ — Ⓑ Can you **say** / that **again?** ↺

❸ — Ⓒ I am **relieved** / to **hear** that. ⌢

2. 그림과 의미를 보고, 빈칸에 알맞은 영어 표현을 써본 뒤 말해보세요.

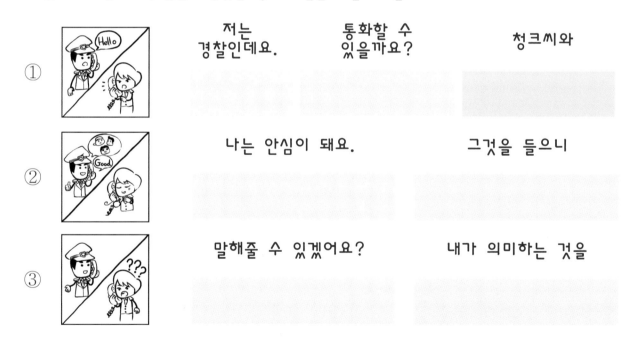

① 저는   통화할 수   청크씨와
   경찰인데요.   있을까요?

② 나는 안심이 돼요.   그것을 들으니

③ 말해줄 수 있겠어요?   내가 의미하는 것을

> If you have good thoughts, they will shine out of your
> face like sunbeams. And you will always look lovely.
> 좋은 생각들을 가지고 있으면, 그 좋은 생각들이 당신의 얼굴에서
> 햇살처럼 빛이 날거에요. 그리고 언제나 당신은 사랑스러워 보일거에요.
> -Notebooks, Lovely

UNIT
17 Chunky가 태어나던 날

scene 1 외모적 특징을 설명하는 표현 'have(has)'
scene 2 과거에 행복했던 순간을 나타내는 표현 'I was so happy when~'
scene 3 상대방이 무엇인가 할 수 있다는 것을 이미 알고 있었다고 말할 때 쓰는 표현
        'I knew (that) you could~'

▶ TODAY'S DIALOGUE

Scene 1

Police Officer : What does she look like?
                Can you tell me about it in detail?

Mr. Chunk : **My wife has curly hair** and
            my daughter has braids.

Police Officer : Thank you for your cooperation.

Scene 2 (과거 회상 장면)

Mr. Chunk : Yeah, I also got a phone call
            from the police at that time.
            **I was so happy when my
            son was born.**

Scene 3

Mr. Chunk : **I knew that you could make it.**
            Thank you for being healthy, honey.

Ms. Chunk : Thank you, too.

SCENE 1

나의 아내는 이렇게 생겼어요.

외모적 특징을 설명하는 표현 'have(has)'에 대해서 배워봅시다.

▶CHECK IT!

그림을 보고 알맞은 답을 골라봅시다.

Q. What is Mr. Chunk likely to say?

☐ I have curly hair.

☐ My son has braids.

☐ My wife has curly hair.

▶SCENE SCRIPT

Police Officer : What does she look like? / Can you tell me / about it / in detail?

그녀는 어떻게 생겼어요? / 말씀해주시겠어요? / 그것에 대해서 / 자세하게

Mr. Chunk : My wife has / curly hair / and my daughter has / braids.

나의 아내는 가졌어요. / 곱슬머리를 / 그리고 나의 딸은 가졌어요. / 땋은 머리를

Police Officer : Thank you / for your cooperation.

감사합니다. / 당신의 협조에

▶STUDY & SPEAK IT! 표현을 익히고 발음해봅시다.

I have / straight hair.↷

▷형태: 주어 + have(has) + 외모적 특징을 의미하는 명사구

▷해석: 주어가 ~를 가지고 있다. ▷의미: 외모적 특징을 표현

외모적으로 어떠한 것을 가지고 있다고 표현할 때 'have(has)'를 사용합니다.
주어가 1인칭, 2인칭, 복수형일 때는 have를, 3인칭 단수형일 때는 has를 사용합니다.
주어의 핵심 단어와 외모적 특징을 표현하는 목적어 부분을 강하게 읽고 have(has)는
약하게 발음해요. 빨간색 진한 부분을 강하게 읽어 봅시다.

1. 나는 가지고 있다. / (무엇을) 생머리를
   I have / straight hair. ↷
2. 내 아들은 가지고 있다. / (무엇을) 갈색 눈을
   My son has / brown eyes. ↷
3. 내 아내는 가지고 있다. / (무엇을) 곱슬머리를
   My wife has / curly hair. ↷

124 청크 스토리

SCENE 2

그땐 정말 행복했어요.

과거에 행복했던 순간을 나타내는 표현 'I was so happy when~'에 대해 배워봅시다.

▶CHECK IT!   그림을 보고 알맞은 답을 골라봅시다.

Q. What does Mr. Chunk want to say?

☐ I was so happy when my daughter got married.

☐ I was so happy when my son was born.

☐ I was so happy when she loved me.

▶SCENE SCRIPT

Mr. Chunk : Yeah, / I also got / a phone call / from the police / at that time.

네, / 나는 또 받았어요. / 전화 한 통을 / 경찰로부터 / 그때

I was so happy / when my son was born.

나는 매우 행복했어요. / 내 아들이 태어났을 때

▶STUDY & SPEAK IT! 표현을 익히고 발음해봅시다.

I was so **happy** / when my **son** was **born.**

▷형태: I was so happy when + 과거의 어떤 순간

▷해석: 나는 ~했을 때 매우 행복했어요.

▷의미: 과거의 행복했던 순간을 표현

I was so happy when 다음에 "주어+과거형 동사"를 이용하여 과거의 어떤 순간에 행복했는지를 표현할 수 있어요. 표현하고자 하는 감정의 크기 정도에 따라 so(매우)는 생략 가능하겠죠? 학습 표현인 I was ~ when ~은 문장의 내용상 핵심 의미를 전달하는 부분이 아니므로 작고 빠르게 물 흘러가듯이 발음합니다. 반면 감정을 나타내는 부분과 과거의 어떤 순간이었는지를 표현하는 부분은 내용상 중요하므로 강하고 약간 느리게 악센트를 주면서 발음합니다. 빨간색 진한 부분을 강하게 읽어봅시다.

I. 나는 매우 행복했어요. / (언제) 내 아들이 태어났을 때

I was so **happy** / when my **son** was **born.**

2. 나는 매우 행복했어요. / (언제) 내 딸이 결혼했을 때

I was so **happy** / when my **daugh**ter got **married.**

3. 나는 매우 행복했어요. / (언제) 그녀가 날 사랑했을 때

I was so **happy** / when she **loved** me.

SCENE 3

난 알고 있었어!

상대방이 무언가 할 수 있다는 것을 이미 알고 있었다고 말할 때 쓰는 표현
'I knew that you could~'에 대해 배워봅시다.

▶CHECK IT!

그림을 보고 알맞은 답을 골라봅시다.

Q. What does Mr. Chunk want to say?

☐ I knew that you could speak English.

☐ I knew that you could make it.

☐ I knew that you could play the piano.

▶SCENE SCRIPT

Mr. Chunk : **I knew / that you could / make it.**

나는 알았어. / 당신이 ~할 수 있었다는 / 해낼 수

Thank you / for being healthy, / honey.

고마워요. / 건강해줘서 / 여보

Ms. Chunk : Thank you, / too.

고마워요. / 나도

▶STUDY & SPEAK IT! 표현을 익히고 발음해봅시다.

I **knew** that you could **make** it. ⌒

▷**형태**: I knew (that) you could + 동사원형
▷**해석**: 당신이 ~할 수 있다는 것을 알았어요.
▷**의미**: 상대방이 무언가 할 수 있었다는 것을 이미 알고 있었다고 말하는 표현

'knew'는 'know(알다)'의 과거형이에요. knew와 시제를 일치시키기 위해 뒤에
you can이 아닌 you could를 사용합니다. 회화에서 that은 종종 생략되기도 합니다.
알았어(knew), 해내다(make)의 두 단어가 중심내용을 전달하고 있어서 강하고 길게
발음하고요, 나머지 단어들은 짧고 약하게 소리를 냅니다. 그래서 make it은 연음이 되어서
[메이킷]으로 발음하게 돼요. 빨간색 진한 부분을 강하게 읽어봅시다.

1. 나는 알았어요. / (무엇을) 당신이 할 수 있다는 것을 / (어떤 걸) 해내는 것을
   I knew / that you could / make it. ⌒
2. 나는 알았어요. / (무엇을) 당신이 할 수 있다는 것을 / (어떤 걸) 피아노 치는 것을
   I knew / that you could / play the piano. ⌒
3. 나는 알았어요. / (무엇을) 당신이 할 수 있다는 것을 / (어떤 걸) 영어를 말하는 것을
   I knew / that you could / speak English. ⌒

Chunky가 태어나던 날

지금까지 배운 내용을 참고하여 문제를 풀어봅시다.

▶PRACTICE IT!

1. 문장의 해석과 주어진 단어를 활용해 빈칸을 채워봅시다. (필요 시, 단어의 형태를 바꾸세요.)

*정답은 2번 문항에 있지만 보지 말고 혼자 힘으로 먼저 해보세요.

(1) 브라이언은 강한 팔 근육을 가지고 있다. (muscle: 근육)

Brian _____ strong arm _____.

(2) 나의 쌍둥이들은 눈 밑에 주근깨가 있다. (freckles: 주근깨)

My twins _____ _____ under their eyes.

(3) 나는 내가 시험을 통과했을 때 매우 행복했다. (exam: 시험)

I was _____ _____ _____ I passed the _____.

(4) 나는 내 여동생이 대회에서 1등을 했을 때 매우 행복했다. (contest: 대회)

I was ____ _____ _____ my sister won the first place in the _____.

(5) 나는 네가 자전거를 탈 수 있다는 것을 알았어. (ride: 타다)

I knew that you _____ _____ a bicycle.

(6) 나는 네가 레스토랑 사장이 될 수 있다는 것을 알았어. (become: 되다)

I _____ that _____ _____ _____ an owner of a restaurant.

2. 빨간색 글씨에 강세를 두어 문장을 자연스럽게 읽어봅시다. 한 번씩 읽을 때마다 옆에 있는 네모 박스에 체크(√) 표시를 해보세요. 총 5번씩 읽어보세요.

(1) Brian has / strong arm muscles.⤾

(2) My twins have / freckles under their eyes.⤾

(3) I was so happy / when I passed the exam.⤾

(4) I was so happy / when my sister won the first place in the contest.⤾

(5) I knew / that you could / ride a bicycle.⤾

(6) I knew / that you could / become an owner of a restaurant.⤾

▶TRY IT! Do it yourself.

1. 각 그림과 그에 어울리는 표현을 연결하세요.

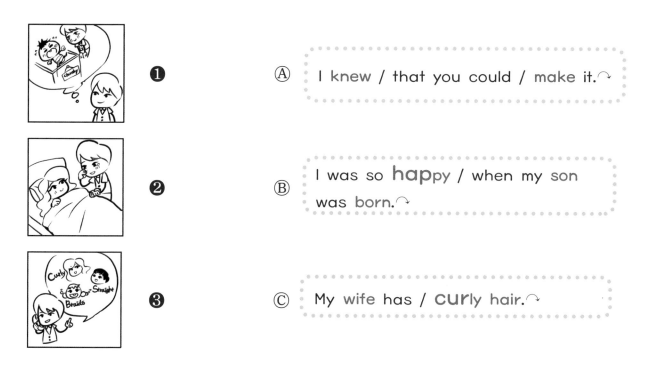

❶

Ⓐ I knew / that you could / make it.↷

❷

Ⓑ I was so **hap**py / when my son was born.↷

❸

Ⓒ My wife has / **cur**ly hair.↷

2. 그림과 의미를 보고, 빈칸에 알맞은 영어 표현을 써본 뒤 말해보세요.

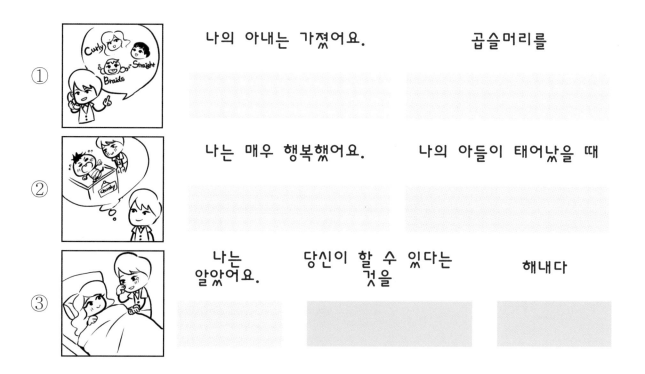

① 나의 아내는 가졌어요.   곱슬머리를

② 나는 매우 행복했어요.   나의 아들이 태어났을 때

③ 나는 알았어요.   당신이 할 수 있다는 것을   해내다

The power of imagination makes us infinite.
상상력은 우리를 무한하게 만든다.
– Anonymous

UNIT

18 초능력을 가지고 태어난 아이

scene 1 무엇인가를 믿을 수 없다고 말할 때 쓰는 표현 'I can't believe what~'
scene 2 상대방이 처한 상황에 관심을 가지며 쓸 수 있는 표현 'Are you~? Do you need~?'
scene 3 무엇인가를 말해달라고 요청하는 표현 'Can you tell me~?'

▶ TODAY'S DIALOGUE

Scene 1

Mr. Chunk : What happened?
　　　　　　 I can't believe what I saw.

Ms. Chunk : Oh, he seems to have superpower
　　　　　　 like us!

Scene 2

Police Officer : *(checks the wall)* **Are you OK?**
　　　　　　　　 Do you need some help?

Mr. Chunk : No, nobody got hurt. Thanks, sir.

Scene 3

Police Officer : **Can you tell me what**
　　　　　　　　 happened?

Mr. Chunk : Sir, I don't understand, either.

믿을 수가 없어!

무엇인가를 믿을 수 없다고 말할 때 쓰는 표현 'I can't believe what~'에 대해서 배워봅시다.

▶CHECK IT! 그림을 보고 알맞은 답을 골라봅시다.

Q. What does Mr. Chunk want to say?

☐ I can't believe what I heard.

☐ I can't believe what you said.

☐ I can't believe what I saw.

▶SCENE SCRIPT

Mr. Chunk: What happened? / I can't believe / what I saw.
　　　　　　무슨 일이예요?　/　나는 믿을 수 없어요. /　내가 본 것을

Ms. Chunk: Oh, / he seems to / have superpower / like us!
　　　　　　오, / 그 애는 ~처럼 보여요. / 슈퍼파워을 가지다 / 우리처럼

▶STUDY & SPEAK IT! 표현을 익히고 발음해봅시다.

I can't believe / what I saw.↷

▷형태: I can't believe what 주어 + 동사

▷해석: 나는 (주어)가 (동사)하는 것을 믿을 수 없다. ▷의미: 믿기 힘든 일을 표현

여기서 "what 주어+동사"는 "무엇"이라는 뜻이 아니라 "~하는 것"이라고 해석합니다.
[b]와 [v]는 우리말의 〔ㅂ〕소리와 비슷하지만 차이가 있어요. [b]를 발음할 때는 윗입술과
아랫입술을 붙였다가 떼면서 〔ㅂ〕소리를 내지만, [v]를 발음할 때는 윗니로 아랫입술을 살짝
깨물 듯이 하면서 〔ㅂ〕소리를 내요. 따라서 believe 〔블리ㅂ〕를 소리 내어 말할 때 시작은
입술을 붙였다가 떼고, 끝은 윗니로 아랫입술을 살짝 깨물어주며 마무리해요.
연습해 보세요. 〔블리ㅂ〕 그리고 빨간색 진한 부분을 강하게 읽어 봅시다.

1. 나는 믿을 수 없다 / (무엇을) 내가 들은 것을
   I can't believe / what I heard. ↷
2. 나는 믿을 수 없다 / (무엇을) 네가 말한 것을
   I can't believe / what you said. ↷
3. 나는 믿을 수 없다 / (무엇을) 내가 본 것을
   I can't believe / what I saw. ↷

SCENE 2 괜찮나요?

상대방이 처한 상황에 관심을 가지며 쓸 수 있는 표현 'Are you~? Do you need~?' 에 대해서 배워봅시다.

▶ CHECK IT! 그림을 보고 알맞은 답을 골라봅시다.

Q. What does the police officer want to say?

☐ Are you hungry? Do you need some food?

☐ Are you okay? Do you need some help?

☐ Are you sleepy? Do you need some rest?

▶ SCENE SCRIPT

Police Officer: *(checks the wall)* **Are you OK? / Do you need / some help?**

(벽을 확인하고)　　괜찮아요?　 / 당신은 필요한가요? / 도움이

Mr. Chunk: No, / nobody got hurt. / Thanks, / sir.

아뇨, / 아무도 다치지 않았어요. / 감사해요, / 경찰관님.

▶ STUDY & SPEAK IT! 표현을 익히고 발음해봅시다.

Are you **okay**?↺ Do you need some **help**?↺

▷형태: Are you 형용사? Do you need 명사?

▷해석: ~하나요? ~가 필요하세요?　▷의미: 상대방의 상황과 무엇이 필요한지 물음

빨간색 부분이 문장에서의 핵심 의미를 포함하고 있기 때문에 강하게 읽고 나머지 부분은 약하고 빠르게 읽으면 됩니다.

1. 너는 배고프니?　　　　 / 　너는 필요로 하니? / *(무엇을)* 음식을

　Are you **hun**gry? ↺ / Do you **need** / some **food**? ↺

2. 너는 괜찮니?　　　　 / 　너는 필요로 하니? / *(무엇을)* 도움을

　Are you **okay**? ↺ / Do you **need** / some **help**? ↺

3. 너는 졸리니?　　　　 / 　너는 필요로 하니? / *(무엇을)* 휴식을

　Are you **sleep**y? ↺ / Do you **need** / some **rest**? ↺

SCENE 3

말씀해주실래요?

무엇인가를 말해달라고 요청하는 표현 'Can you tell me~?'에 대해서 배워봅시다.

▶CHECK IT! 그림을 보고 알맞은 답을 골라봅시다.

Q. What does the police officer want to say?

☐ Can you tell me what happened?

☐ Can you tell me what you ate?

☐ Can you tell me where you are from?

▶SCENE SCRIPT

Police Officer: **Can you tell me / what happened?**

말해 줄 수 있나요? / 무슨 일이 일어났는지를

Mr. Chunk: Sir, / I don't understand, / either.

경찰관님, / 저도 알 수가 없어요. / 또한

▶STUDY & SPEAK IT! 표현을 익히고 발음해봅시다.

Can you tell me what happened? ↻

▷형태: Can you tell me 의문사 (주어) 동사 ?

▷해석: ~를 말해 줄 수 있나요?

▷의미: 무엇인가를 말해달라고 요청함

이 구문에서 'Can you tell me'는 '나에게 말해 줄 수 있나요'라는 의미이고, 뒷부분에는 '의문사 (주어) 동사' 형태의 '간접의문문'이 포함되어 있어요. 'what happened'가 바로 간접의문문이고 '무슨 일이 일어났는지'라고 해석합니다. 간접의문문이란 문장 안에 포함된 의문문이고 의문사+(주어)+동사 순으로 말하며 '~하는지'로 해석합니다.
tell과 의문사 및 핵심어를 크고 강하게 읽습니다. 글자 크기가 더 큰 부분은 더 크게 읽습니다. 강세에 주의해서 읽어볼까요?

1. 말해 줄 수 있나요?   / (무엇을) 무슨 일이 일어났는지를
   Can you **tell** me / **what** happened? ↻

2. 말해 줄 수 있나요?   / (무엇을) 네가 무엇을 먹었는지를
   Can you **tell** me / **what** you ate? ↻

3. 말해 줄 수 있나요?   / (무엇을) 네가 어디서 왔는지를
   Can you **tell** me / **where** you are from? ↻

초능력을 가지고 태어난 아이

지금까지 배운 내용을 참고하여 문제를 풀어봅시다.

▶PRACTICE IT!

1. 문장의 해석과 주어진 단어를 활용해 빈칸을 채워봅시다. (필요 시, 단어의 형태를 바꾸세요.)

  정답은 2번 문항에 있지만 보지 말고 혼자 힘으로 먼저 해보세요.

  (1) 나는 내가 방금 본 것을 믿을 수가 없다. (see: 보다)

  I can't believe _____ _____ just _____.

  (2) 나는 나에게 일어난 일을 믿을 수가 없다. (happen: 일어나다, 발생하다)

  I _____ _____ _____ _____ to me.

  (3) 피곤하세요? 커피 필요하세요? (coffee: 커피)

  Are you _____? Do you _____ some _____?

  (4) 아프세요? 휴식이 필요하세요? (rest: 휴식)

  Are you _____? Do you _____ some _____?

  (5) 어젯밤에 어디 갔었는지 말해줄 수 있나요? (go: 가다)

  _____ _____ tell me _____ you _____ last night?

  (6) 그 회의가 언제 시작할지 말해줄 수 있나요? (start: 시작하다)

  _____ _____ tell me _____ the meeting _____ _____?

2. 빨간색 글씨에 강세를 두어 문장을 자연스럽게 읽어봅시다. 한 번씩 읽을 때마다 옆에 있는 네모 박스에 체크(√) 표시를 해보세요. 총 5번씩 읽어보세요.

  (1) I **can't** believe / what I just **saw.**↷

  (2) I **can't** believe / what **happ**ened to me.↷

  (3) Are you **tired**?↶ / Do you **need** / some **cof**fee?↶

  (4) Are you **sick**?↶ / Do you **need** / some **rest**?↶

  (5) Can you **tell** me / **where** you went last night?↶

  (6) Can you **tell** me / **when** the meeting will **start**?↶

►TRY IT! Do it yourself.

I. 각 그림과 그에 어울리는 표현을 연결하세요.

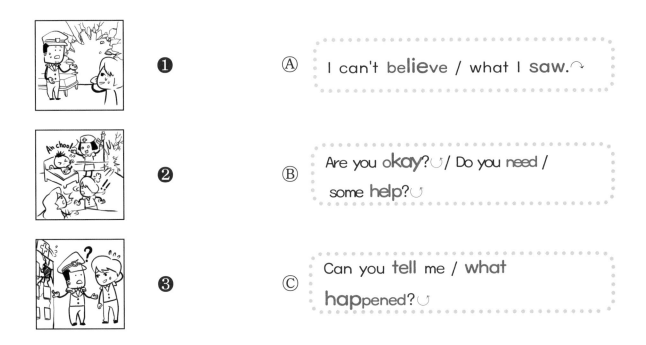

❶

Ⓐ I can't believe / what I saw.↷

❷

Ⓑ Are you okay?↶ / Do you need / some help?↶

❸

Ⓒ Can you tell me / what happened?↶

2. 그림과 의미를 보고, 빈칸에 알맞은 영어 표현을 써본 뒤 말해보세요.

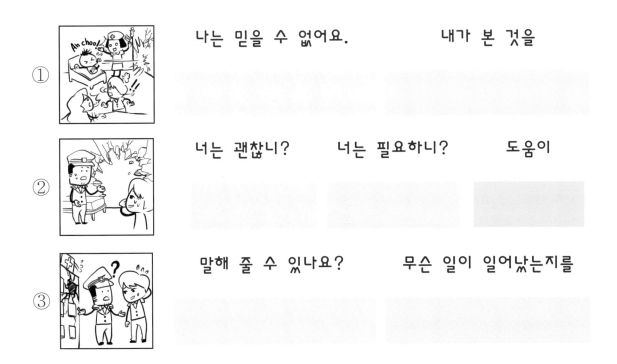

① 나는 믿을 수 없어요.   내가 본 것을

② 너는 괜찮니?   너는 필요하니?   도움이

③ 말해 줄 수 있나요?   무슨 일이 일어났는지를

A true friend looks at the tears hidden in forced smile.
진정한 친구는 애써 지은 미소 속에 가려진 눈물을 봐.
- 'Winnie the Pooh' 중에서

UNIT

19 일하기 힘든 날

scene 1 두 개의 대상을 비교하는 표현 '비교급(-er) + than~'
scene 2 자신의 의견을 나타내는 표현 'I think~'
scene 3 무엇인가를 알고 있는지 물어보는 표현 'Do you know~?'

▶ TODAY'S DIALOGUE

Scene 1

Mr. Scrooge : What are you doing, Mr. Chunk?
How's your report going?

Mr. Chunk : Oh, I've done just half of it.

Mr. Scrooge : **Mr. Kind is faster than you.**

Scene 2

Mr. Scrooge : He is never late to hand
in important papers.

Mr. Chunk : Whew, right. **I think he is
much better than me.**

Scene 3

Mr. Scrooge : Are you listening to me?
Do you know what I mean?

저 친구가 더 빠른 것 알아요?

두 개의 대상을 비교하는 표현 '비교급(-er) + than~'에 대해 배워봅시다.

▶CHECK IT! 그림을 보고 알맞은 답을 골라봅시다.

Q. What is Mr. Scrooge likely to say?

☐ Mr. Kind is taller than Mr. Scrooge.

☐ Mr. Kind is smarter than Chunky.

☐ Mr. Kind is faster than you.

▶SCENE SCRIPT

Mr. Scrooge : What are you doing, / Mr. Chunk? / How's / your report going?

무엇을 하고 있나요? / 청크 씨? / 어떻게 되어가나요? / 당신의 보고서가

Mr. Chunk : Oh, / I've done / just half of it.

오, / 나는 마쳤어요. / 단지 그것의 반을

Mr. Scrooge : Mr. Kind is faster / than you.

Kind 씨가 더 빨라요. / 당신보다

▶STUDY & SPEAK IT! 표현을 익히고 발음해봅시다.

Mr. Kind is faster / than you. ⌢

▷형태: 비교급 + than

▷해석: ~보다 더 ~한   ▷의미: 두 개의 대상을 동일한 기준으로 비교함

두 개의 대상을 비교하고자 할 때 형용사 뒤에 "-er"을 붙여서 "더 ~한"이라는 표현을 만듭니다.
비교하니까 당연히 비교하는 대상이 같이 나와야겠죠? "than + 비교대상"을 써서 "비교대상 보다"
라는 뜻을 나타냅니다. 부사 뒤에 "-er"을 붙이면 "더 ~하게"라는 표현이 되겠죠?
비교급 표현(faster)과 비교하는 두 대상을 강하게 읽습니다. faster [패스털]은 첫 음절에
강세가 있어서 앞을 강하게 읽고 뒤쪽의 [털] 소리는 약하게 냅니다.
다음 문장의 빨간색 진한 부분을 강하게 읽어 봅시다.

1. Kind 씨가 더 키가 커요. / (누구보다) Scrooge 씨보다

   Mr. Kind is taller / than Mr. Scrooge. ⌢

2. Kind 씨가 더 똑똑해요. / (누구보다) Chunky보다

   Mr. Kind is smarter / than Chunky. ⌢

3. Kind 씨가 더 빨라요. / (누구보다) 당신보다

   Mr. Kind is faster / than you. ⌢

SCENE 2 나도 그렇게 생각해.

자신의 의견을 나타내는 표현 'I think~'에 대해 배워봅시다.

▶CHECK IT! 그림을 보고 알맞은 답을 골라봅시다.

Q. What does Mr. Chunk think about?
- ☐ He thinks a hamburger is much better than pizza.
- ☐ He thinks Mr. Kind is much better than him.
- ☐ He thinks juice is much better than coke.

▶SCENE SCRIPT

Mr. Scrooge : He is never late / to hand in / important papers.

그는 결코 늦지 않아요. / 제출하는 데 있어서 / 중요한 서류를

Mr. Chunk : Whew, / right. / I think / he is much better / than me.

휴, / 맞아요. / 나는 생각해요. / 그가 훨씬 더 낫다고 / 나보다

▶STUDY & SPEAK IT! 표현을 익히고 발음해봅시다.

I think / he is much **better** / than **me**.⌢

▷형태: I think (that) 주어 + 동사
▷해석: 나는 ~라고 생각해요.
▷의미: 자신의 생각을 표현

I think that 다음에 "주어+동사"를 써서 '내 생각에는 ~하다' 혹은 '나는 ~라고 생각한다'와 같이 자신의 생각을 표현할 수 있어요.

I think 뒤에 접속사 that은 써도 되고 생략해도 되는데 회화에서는 종종 that을 생략합니다. 대부분의 경우, I think 뒤에 나오는 부분이 문장의 핵심 내용이 되기 때문에 I think 뒷부분을 더 강조해서 발음합니다. 내 생각이라는 것을 강조하고 싶은 경우에는 'I think'에 강한 악센트를 주면서 느리게 발음하기도 합니다.

'better'는 good(좋은)의 비교급 형태로 [배럴]이라고 발음합니다.

1. 나는 생각해요. / (무엇을) 그가 더 낫다고 / (누구보다) 나보다
   I think / he is much **better** / than **me**. ⌢
2. 나는 생각해요. / (무엇을) 햄버거가 더 낫다고 / (무엇보다) 피자보다
   I think / **hamburgers** are much **better** / than **pizza**. ⌢
3. 나는 생각해요. / (무엇을) 주스가 더 낫다고 / (무엇보다) 콜라보다
   I think / juice is much **better** / than **coke**. ⌢

SCENE 3

무슨 말인지 알겠어요?

무엇인가를 알고 있는지 물어보는 표현 'Do you know~?'에 대해 배워봅시다.

▶CHECK IT! 그림을 보고 알맞은 답을 골라봅시다.

Q. What does Mr. Scrooge want to say?

☐ Do you know this person?

☐ Do you know Chunky?

☐ Do you know what I mean?

▶SCENE SCRIPT

Mr. Scrooge : Are you listening to me?

　　　　　　　　　내 말 듣고 있어요?

　　　　　　　　Do you know / what I mean?

　　　　　　　당신은 알고 있나요? / 내가 의미하는 것을

▶STUDY & SPEAK IT! 표현을 익히고 발음해봅시다.

Do you know what I mean? ↺

▷**형태:** Do you know + 명사?

▷**해석:** 당신은 ~를 알고 있나요?

▷**의미:** 무언가를 알고 있는지 묻는 표현

Do you know 뒤에는 명사 혹은 명사 역할을 하는 명사구 또는 명사절이 올 수 있어요. 알다(know) 뒤에 나오는 명사 부분이 이 문장의 중심내용을 전달하고 있어서 강하고 길게 발음하고요, 나머지 단어들은 짧고 약하게 소리를 낸답니다.
빨간색 진한 부분을 강하게 읽어봅시다.

1. 당신은 알고 있나요? / *(누구를)* 이 사람을
　 Do you **know** / **this person?** ↺
2. 당신은 알고 있나요? / *(누구를)* Chunky를
　 Do you **know** / **Chunky?** ↺
3. 당신은 알고 있나요? / *(무엇을)* 내가 의미하는 것을
　 Do you **know** / **what I mean?** ↺

138 청크 스토리

일하기 힘든 날

지금까지 배운 내용을 참고하여 문제를 풀어봅시다.

▶PRACTICE IT!

1. 문장의 해석과 주어진 단어를 활용해 빈칸을 채워봅시다. (필요 시, 단어의 형태를 바꾸세요.)

   * 정답은 2번 문항에 있지만 보지 말고 혼자 힘으로 먼저 해보세요.

   (1) 이 방이 저 방보다 더 밝다. (bright: 밝은)

      This room is _____ than that room.

   (2) 백두산은 한라산보다 더 높다. (high: 높은)

      Mt. Baekdoo is _____ _____ Mt. Halla.

   (3) 나는 과자보다 견과류가 너의 건강에 더 좋다고 생각한다. (better: 더 좋은)

      _____ _____ nuts are _____ than cookies for your health.

   (4) 나는 내가 내 여동생보다 수영을 더 잘한다고 생각한다. (better: 더 잘하는)

      _____ _____ I am _____ at swimming _____ my sister.

   (5) 당신의 선생님 성함을 알고 있나요? (know: 알다)

      _____ _____ _____ your teacher's name?

   (6) 스파게티 요리법을 알고 있나요? (recipe: 요리법)

      Do _____ _____ the _____ of spaghetti?

2. 빨간색 글씨에 강세를 두어 문장을 자연스럽게 읽어봅시다. 한 번씩 읽을 때마다 옆에 있는 네모 박스에 체크(√) 표시를 해보세요. 총 5번씩 읽어보세요.

   (1) This room is **brighter** / than **that** room.⌢

   (2) Mt. **Baekdoo** is **higher** / than Mt. **Halla**.⌢

   (3) I think / **nuts** are **better** / than **cookies** / for your **health**.⌢

   (4) I think / I am **better** / at **swimming** / than my **sister**.⌢

   (5) Do you **know** / your **teacher's name**?⌣

   (6) Do you **know** / the **recipe** of **spaghetti**?⌣

▶TRY IT! Do it yourself.

I. 각 그림과 그에 어울리는 표현을 연결하세요.

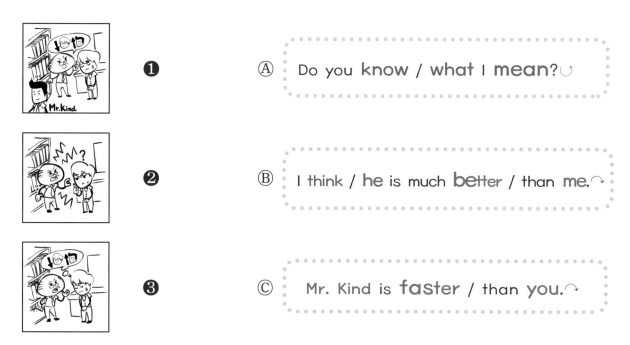

❶ Ⓐ Do you **know** / what I **mean**?↷

❷ Ⓑ I think / he is much **better** / than me.↶

❸ Ⓒ Mr. Kind is **faster** / than you.↶

2. 그림과 의미를 보고, 빈칸에 알맞은 영어 표현을 써본 뒤 말해보세요.

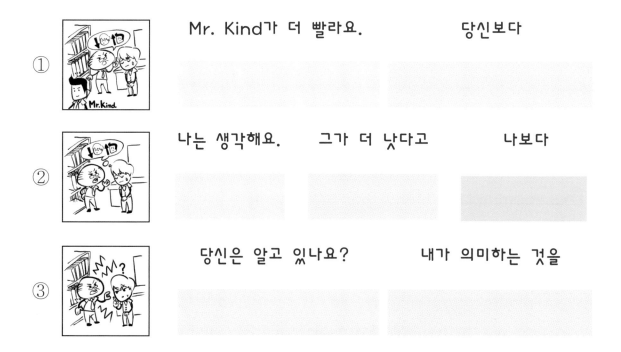

① Mr. Kind가 더 빨라요.　　　당신보다

② 나는 생각해요.　그가 더 낫다고　　나보다

③ 당신은 알고 있나요?　　내가 의미하는 것을

> Adversity does teach who your real friends are.
> 역경은 누가 진정한 친구인지 가르쳐준다.
> - Lois McMaster Bujold

UNIT

20 Mr. Chunk가 혼난 날

scene 1 실망감을 나타내는 표현 'feel disappointed'
scene 2 미안함과 그 이유를 함께 나타내는 표현 'sorry for~'
scene 3 변명하는 표현 'It's not my fault because~'

▶ TODAY'S DIALOGUE

Scene 1

Mr. Chunk : Ah, boss. I beg your pardon?

Mr. Scrooge : Whew, what were you thinking about?

I feel disappointed in you.

Scene 2

Mr. Chunk : **I'm sorry for being late.**
　　　　　　 I don't want to make you feel upset. However⋯
Mr. Scrooge : However, however, however. You always make me furious. Why? Why are you always late and making an excuse?

Scene 3

Mr. Chunk : **Sorry, but it's not my fault because I was busy.**
　　　　　　 I got a phone call from a police officer, then he said my son⋯

어휴, 실망이구만!

실망감을 나타내는 표현 'feel disappointed'에 대해서 배워봅시다.

▶CHECK IT! 그림을 보고 알맞은 답을 골라봅시다.

Q. What does Mr. Scrooge want to say?
- ☐ I feel disappointed in Super Chunky.
- ☐ I feel disappointed in you.
- ☐ I feel disappointed with myself.

▶SCENE SCRIPT

Mr. Chunk : Ah, / boss. / I beg your pardon?
          아, / 사장님. /   뭐라고요?

Mr. Scrooge : Whew, / what were you thinking about?
          휴,   /   무엇에 대해 생각하고 있었나요?

          I feel disappointed / in you.
          저는 실망입니다.   / 당신에게

▶STUDY & SPEAK IT! 표현을 익히고 발음해봅시다.

I feel disappointed in you.↷

▷**형태:** feel(be) disappointed in 사람

▷**해석:** 나는 당신에게 실망했어요. ▷**의미:** 실망감을 표현

'feel disappointed in 사람'은 '~에게 실망하다'라는 뜻입니다. in 대신 with를 쓰기도 합니다.
'실망한'이라는 뜻의 disappointed와 실망한 대상 you를 강하게 읽습니다.
강하게 길게 소리 나는 disappointed(디써포인티드)와 짧고 약하게 소리 나는 in(인)이 이어져서
(디써포인티린)으로 발음할 수 있답니다.

1. 나는 실망이야. / (누구에게) Super Chunky에게
   I feel disappointed / in Super Chunky. ↷
2. 나는 실망이야. / (누구에게) 당신에게
   I feel disappointed / in you. ↷
3. 나는 실망이야. / (누구에게) 나 자신에게
   I feel disappointed / with myself. ↷

Tip ※ 이렇게 읽어 봐요!
1. 지휘를 하듯이 읽기
2. 어깨를 으쓱, 머리를 위아래로
   강세 따라 읽기

SCENE 2 정말 미안해요.

미안함과 그 이유를 함께 나타내는 표현 'sorry for~'에 대해서 배워봅시다.

▶CHECK IT! 그림을 보고 알맞은 답을 골라봅시다.

Q. What does Mr. Chunk want to say?

☐ I'm sorry for being rude.

☐ I'm sorry for not doing that.

☐ I'm sorry for being late.

▶SCENE SCRIPT

Mr. Chunk : **I'm sorry / for being late.**
죄송해요. / 늦어서

I don't want / to make you feel upset. / However…
나는 원하지 않아요. / 당신을 화나게 만드는 것을 / 하지만…

Mr. Scrooge : However, / however, / however. / You always make me furious.
하지만, / 하지만, / 하지만. / 당신은 항상 나를 화나게 만들어요.

Why? / Why are you always late / and making an excuse?
왜? / 왜 당신은 항상 늦나요? / 그리고 변명을 하나요?

▶STUDY & SPEAK IT! 표현을 익히고 발음해봅시다.

I'm **sorry** / for being **late.**⌒

▷형태: I'm sorry for 미안한 이유(~ing)
▷해석: 늦어서 미안해요.
▷의미: 미안함과 미안한 이유를 함께 표현

I'm sorry for ~는 미안함과 미안한 이유를 함께 표현하는 문장이에요. for는 전치사이기 때문에 뒤에 명사나 동명사(~ing)가 와야 해요. 미안하다는 감정과 왜 미안한지 이유를 말하는 부분이 이 문장의 핵심 내용입니다. 따라서 sorry와 late를 강하게 천천히 읽고 나머지 부분은 물 흐르듯 빠르게 읽습니다. I'm은 I am의 줄임말로 [암]이라 읽으면 됩니다.

1. 미안해요. / (왜) 무례해서
   I'm **sorry** / for being **rude.** ⌒

2. 미안해요. / (왜) 그것을 안 해서
   I'm **sorry** / for **not doing** that. ⌒

3. 미안해요. / (왜) 늦어서
   I'm **sorry** / for being **late.** ⌒

※ 이렇게 읽어 봐요!
1. 글에 선을 그리면서 읽기
2. 강세부분에 박수를 치며 읽기

SCENE 3

변명하느라 힘들어!

변명하는 표현 'It's not my fault because~'에 대해서 배워봅시다.

▶CHECK IT!

그림을 보고 알맞은 답을 골라봅시다.

Q. What does Mr. Chunk want to say?

☐ Sorry, but it's not my fault because I didn't know that.

☐ Sorry, but it's not my fault because I am new here.

☐ Sorry, but it's not my fault because I was busy.

▶SCENE SCRIPT

Mr. Chunk : Sorry, / but it's not my fault / because I was busy.

죄송해요, / 그러나 그것은 내 잘못이 아니에요. / 왜냐하면 바빴기 때문이에요.

I got a phone call / from a police officer, / and he told me / about my son···

전화를 한 통 받았어요. / 경찰관에게서 / 그리고 그가 나에게 말했어요···

/ 내 아들에 대해서

▶STUDY & SPEAK IT! 표현을 익히고 발음해봅시다.

Sorry, but it's **not** my **fault** because I was **busy**.⌒

▷형태: Sorry, but it's not my fault because 주어 + 동사

▷해석: 미안하지만, ~이기 때문에 그건 내 잘못이 아니에요. ▷의미: 변명하는 표현

변명하는 이유를 나타내기 위해 because(~ 때문에)라는 단어는 사용합니다. because는 접속사인데, 접속사는 문장과 문장을 연결해 주는 역할을 하기 때문에 뒤에 반드시 주어와 동사를 갖춘 완벽한 문장이 나와야 합니다.

내 잘못이 아니라는 것을 강조하기 위해 not(아니다)과 fault(과실, 잘못)에 특히 큰 강세를 주어 읽습니다. 빨간색 진한 부분을 강하게 읽어봅시다.

1. 미안하지만, / 내 잘못이 아니에요. / (왜냐하면) 나는 그것을 몰랐기 때문에

   Sorry, / but it's **not** my **fault** / because I **didn't** know **that**.⌒

2. 미안하지만, / 내 잘못이 아니에요. / (왜냐하면) 나는 여기 신입이기 때문에

   Sorry, / but it's **not** my **fault** / because I am **new** here. ⌒

3. 미안하지만, / 내 잘못이 아니에요. / (왜냐하면) 나는 바빴기 때문에

   Sorry, / but it's **not** my **fault** / because I was **busy**. ⌒

Mr. Chunk가 혼난 날

지금까지 배운 내용을 참고하여 문제를 풀어봅시다.

▶PRACTICE IT!

1. 문장의 해석과 주어진 단어를 활용해 빈칸을 채워봅시다. (필요 시, 단어의 형태를 바꾸세요.)

   * 정답은 2번 문항에 있지만 보지 말고 혼자 힘으로 먼저 해보세요.

   (1) 내 친한 친구에게 실망이야. (disappoint)

      I feel _____ _____ my close friend.

   (2) 내 직원들에게 실망이야. (employee: 직원)

      I feel _____ _____ my _____.

   (3) 게으르게 행동해서 죄송해요. (lazy: 게으른)

      I'm _____ for being _____.

   (4) 미리 그것을 확인하지 못해 죄송해요. (check: 확인하다)

      I'm _____ for not _____ it in advance.   * in advance: 미리

   (5) 미안하지만, 그건 제 담당이 아니기 때문에 제 잘못이 아니에요. (fault)

      Sorry, but it's ____ ____ _____ ____ I am not in charge of that.

                                   * in charge of: ~를 담당하는

   (6) 미안하지만, 저는 이것에 익숙지 않기 때문에 그건 제 잘못이 아니에요. (familiar: 익숙한)

      Sorry, but it's ____ _____ _____ _____ I am not _____ with this.

2. 빨간색 글씨에 강세를 두어 문장을 자연스럽게 읽어봅시다. 한 번씩 읽을 때마다 옆에 있는 네
   모 박스에 체크(√) 표시를 해보세요. 총 5번씩 읽어보세요.

   (1) I feel disap**point**ed / in my **close** friend.⌒   ▢▢▢▢▢

   (2) I feel disap**point**ed / in my employ**ee**s.⌒   ▢▢▢▢▢

   (3) I'm **sor**ry / for being **la**zy.⌒   ▢▢▢▢▢

   (4) I'm **sor**ry / for **not che**cking it in ad**vance**.⌒   ▢▢▢▢▢

   (5) Sorry, / but it's **not** my **faul**t / because I am **not** in charge of that.⌒

                                                         ▢▢▢▢▢

   (6) Sorry, / but it's **not** my **faul**t / because I am **not** fa**mi**liar with this.⌒

                                                         ▢▢▢▢▢

▶TRY IT! Do it yourself.

I. 각 그림과 그에 어울리는 표현을 연결하세요.

❶   Ⓐ   I feel disap**point**ed / in you.↷

❷   Ⓑ   Sorry, / but it's **not** my **fault** / because I was bu**sy**.↷

❸   Ⓒ   I'm **sor**ry / for being **late**.↷

2. 그림과 의미를 보고, 빈칸에 알맞은 영어 표현을 써본 뒤 말해보세요.

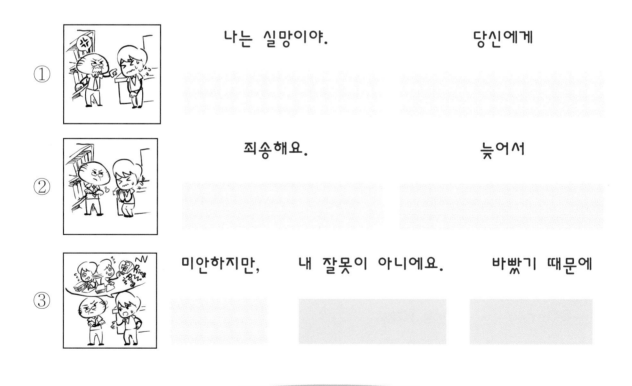

①   나는 실망이야.   당신에게

②   죄송해요.   늦어서

③   미안하지만,   내 잘못이 아니에요.   바빴기 때문에

There is no benefit in worrying whatsoever.
걱정은 아무 이득이 없다.
- Dalai Lama

UNIT
21 직장생활은 힘들어!

scene 1 무엇을 하고 싶지 않다는 의미의 표현 'I don't want to~'
scene 2 거절하거나 미안함을 나타낼 때 정중함을 더하는 표현 'I'm afraid~'
scene 3 무엇을 하기 두렵다고 말하는 표현 'I'm scared to~'

▶ TODAY'S DIALOGUE

Scene 1

Mr. Chunk : I'm really sorry for being late. However, I really had something important. The important thing was···

Mr. Scrooge : Well, no excuses allowed. **I don't want to hear you.**

Scene 2

Mr. Scrooge : **I'm afraid I must go.** If you don't finish it, you have to work with me tonight. This is your last chance. Okay?

Mr. Chunk : I see, boss.

Scene 3

Mr. Chunk : **I'm scared to work with Mr. Scrooge.**

SCENE 1

변명 따위 듣기 싫다네!

무엇을 하고 싶지 않다는 의미의 표현 'I don't want to~'에 대해서 배워 봅시다.

▶CHECK IT!

그림을 보고 알맞은 답을 골라봅시다.

Q. What does Mr. Scrooge want to say?

☐ I don't want to hear you.

☐ I don't want to eat the sandwich.

☐ I don't want to meet his parents.

▶SCENE SCRIPT

Mr. Chunk : I'm really sorry / for being late.
　　　　　　정말 죄송해요. / 늦어서

However, / I really had / something important.
하지만, / 나는 정말 있었어요. / 중요한 일이 /

The important thing was…
그 중요한 일은…

Mr. Scrooge : Well, / no excuses allowed. / **I don't want / to hear you.**
글쎄, / 변명을 허락하지 않을 거야. / 나는 원하지 않아. / 네 이야기 듣는 것을

▶STUDY & SPEAK IT! 표현을 익히고 발음해봅시다.

I don't want / to **hear** you. ↶

▷형태: I don't want to 동사원형
▷해석: 나는 ~하고 싶지 않다. ▷의미: 하고 싶지 않은 일을 표현

하고 싶지 않은 일을 표현할 때 'I don't want to 동사원형'을 씁니다. 일상적인 대화에서 격식을 차리지 않고 얘기할 때 'I don't wanna 동사원형'을 종종 쓰기도 합니다.
이때 [아돈워너]라고 빠르게 발음합니다.
want(원트)와 to(투)를 각각 소리 낼 때는 t(ㅌ)소리가 2번 나지만 문장에서 붙여 읽을 때는 want to(원투)로 소리 내고, 원어민들은 want to를 wanna(워너)로 바꿔 쓰기도 해요.
빨간색 진한 부분을 강하게 읽어 봅시다.

I. 나는 원하지 않아요. / (무엇을) 당신의 말을 듣는 것을
　I don't want / to **hear** you. ↶

2. 나는 원하지 않아요. / (무엇을) 그 샌드위치를 먹는 것을
　I don't want / to **eat** the **sand**wich. ↶

3. 나는 원하지 않아요. / (무엇을) 그의 부모님을 만나는 것을
　I don't want / to **meet** his **par**ents. ↶

148 청크 스토리

<table>
<tr><td>SCENE 2</td><td colspan="2"># 그만 가보겠네!
거절하거나 미안함을 나타낼 때 정중함을 더하는 표현 'I'm afraid~'에 대해서 배워봅시다.</td></tr>
</table>

▶CHECK IT! 그림을 보고 알맞은 답을 골라봅시다.

Q. What does Mr. Scrooge want to say?

☐ I'm afraid I must go.

☐ I'm afraid I cannot make it.

☐ I'm afraid I must give you a parking ticket.

▶SCENE SCRIPT

Mr. Scrooge : **I'm afraid / I must go.** / If you don't finish it, / you have to
유감이지만 / 난 가야 해. / 만약 그것을 끝내지 못하면 / 너는 해야만 해.
work with me tonight. / This is your last chance. / Okay?
나와 함께 일을, 오늘밤에 / 이것이 너의 마지막 기회야. / 알겠어?

Mr. Chunk : I see, / boss.
알겠어요, / 사장님.

▶STUDY & SPEAK IT! 표현을 익히고 발음해봅시다.

I'm afraid / I must go. ⌢

▷형태: I'm afraid + 완전한 문장
▷해석: 유감이지만~
▷의미: 거절하거나 미안함을 나타내는 표현

거절할 때나 미안함을 나타낼 때 혹은 상대방에게 안 좋은 소식을 전할 때 'I'm afraid'를
문장 앞에 붙이면 좀 더 부드럽게 들립니다.
유감의 뜻을 나타내는 afraid와 말하고자 하는 내용의 핵심 부분을 강하게 읽고 나머지 부분은
물 흐르듯 빠르고 약하게 발음합니다.
위 문장의 경우, [암 어프레이드 아이 머슷 고우]라고 읽습니다.

1. 유감이지만 / 난 가야 해.
   I'm afraid / I must go. ⌢
2. 유감이지만 / 난 널 도와줄 수 없어.
   I'm afraid / I cannot help you. ⌢
3. 유감이지만 / 당신에게 주차 위반 딱지를 줘야 하네요.
   I'm afraid / I must give you a parking ticket. ⌢

SCENE 3 너무 두려워요!

무엇을 하기 두렵다고 말하는 표현 'I'm scared to~'에 대해서 배워봅시다.

▶CHECK IT!

그림을 보고 알맞은 답을 골라봅시다.

Q. How does Mr. Chunk feel?

☐ I'm scared to watch a scary movie.

☐ I'm scared to walk home alone at late night.

☐ I'm scared to work with Mr. Scrooge.

▶SCENE SCRIPT

Mr. Chunk : **I'm scared / to work / with Mr. Scrooge.**

나는 두려워. / 일하는 것이 / Mr. Scrooge와

▶STUDY & SPEAK IT! 표현을 익히고 발음해봅시다.

I'm **scared** to **work** with Mr. Sc**roo**ge.↷

▷형태: I'm scared to + 동사원형

▷해석: 나는 ~하는 것이 두려워요.

▷의미: 두려운 일을 표현

'scared'는 '무서워하는, 두려워하는'의 뜻이에요. 자신이 두려워하는 행동을 'I'm scared' 뒤에 to 부정사를 사용하여 표현할 수 있어요. to 부정사 형태란 to + 동사원형을 의미합니다. scared [스케어r드]와 to [투]를 문장 속에서 이어서 발음할 때는 [스케어r드 투]가 아니라 [스케어r 트]라고 발음합니다. scared의 d 발음을 거의 하지 않고 바로 to를 읽는데, 이때 to도 문장의 의미상 중요한 부분이 아니기 때문에 매우 약하게 소리 냅니다.
빨간색 진한 부분을 강하게 읽어봅시다.

1. 나는 두려워요. / (무엇이) 무서운 영화를 보는 것이
   I'm **scared** / to **watch** a **sca**ry movie. ↷
2. 나는 두려워요. / (무엇이) 집에 혼자 걸어가는 것이 / (언제) 늦은 밤에
   I'm **scared** / to **walk** home a**lone** / **late** at night. ↷
3. 나는 두려워요. / (무엇이) 일하는 것이 / (누구와) Mr. Scrooge와
   I'm **scared** / to **work** / with Mr. Sc**roo**ge. ↷

직장생활은 힘들어!

지금까지 배운 내용을 참고하여 문제를 풀어봅시다.

▶PRACTICE IT!

1. 문장의 해석과 주어진 단어를 활용해 빈칸을 채워봅시다. (필요 시, 단어의 형태를 바꾸세요.)

   정답은 2번 문항에 있지만 보지 말고 혼자 힘으로 먼저 해보세요.

   (1) 나는 나의 시간을 낭비하고 싶지 않다. (waste: 낭비하다)

   I _____ _____ to _____ my time.

   (2) 나는 나의 가족을 실망시키고 싶지 않다. (disappoint: 실망시키다)

   I _____ _____ to _____ my family.

   (3) 유감이지만, 나는 그 파티에 갈 수가 없어. (party: 파티)

   I'm _____ I _____ go to the _____.

   (4) 유감이지만, 나는 너의 질문에 대답할 수가 없어. (answer: 대답하다)

   I'm _____ I can't _____ your _____.

   (5) 나는 치과에 가는 것이 두렵다. (go to the dentist: 치과에 가다)

   I'm _____ to _____ _____ _____ _____.

   (6) 나는 고소공포증 때문에 비행기 타는 것이 두렵다. (acrophobia: 고소공포증)

   I'm _____ to take an _____ because of _____.

2. 빨간색 글씨에 강세를 두어 문장을 자연스럽게 읽어봅시다. 한 번씩 읽을 때마다 옆에 있는 네모 박스에 체크(√) 표시를 해보세요. 총 5번씩 읽어보세요.

   (1) I don't want / to waste my time.↷

   (2) I don't want / to disappoint my family.↷

   (3) I'm afraid / I can't go to the party.↷

   (4) I'm afraid / I can't answer your question.↷

   (5) I'm scared / to go to the dentist.↷

   (6) I'm scared / to take an airplane because of acrophobia.↷

▶TRY IT! Do it yourself.

1. 각 그림과 그에 어울리는 표현을 연결하세요.

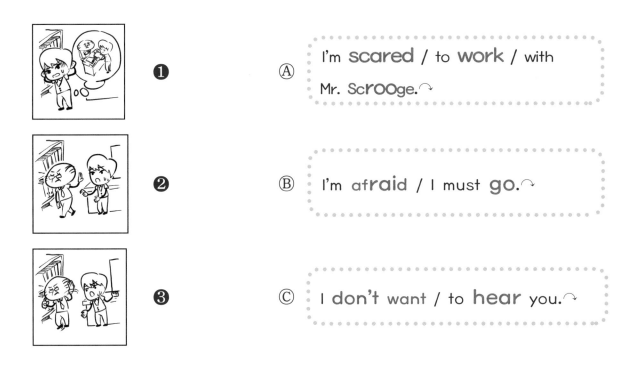

❶ — Ⓐ I'm **scared** / to **work** / with Mr. Sc**roo**ge. ⤵

❷ — Ⓑ I'm af**raid** / I must **go**. ⤵

❸ — Ⓒ I don't want / to **hear** you. ⤵

2. 그림과 의미를 보고, 빈칸에 알맞은 영어 표현을 써본 뒤 말해보세요.

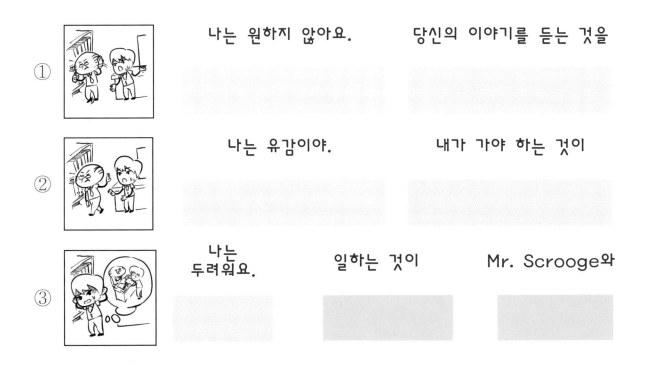

① 나는 원하지 않아요.   당신의 이야기를 듣는 것을

② 나는 유감이야.   내가 가야 하는 것이

③ 나는 두려워요.   일하는 것이   Mr. Scrooge와

22 우울한 하루

scene 1 만족스럽지 않음을 나타내는 표현 'not happy about~'
scene 2 분노와 그 이유를 함께 나타내는 표현 '~ annoy(s) me because~'
scene 3 상대방의 감정 상태의 이유를 물어보는 표현 'What makes you~?'

▶ TODAY'S DIALOGUE

Scene 1

Mr. Chunk : Whew, **I'm not happy about my terrible job.**
My boss always compares me with others.

Scene 2

Mr. Chunk : **Mr. Scrooge annoys me because he is not kind.**
I don't want to work with Mr. Scrooge anymore.

Scene 3

Mr. Jobs : What's wrong?
Do you have any problem?

Mr. Chunk : Oh, it's nothing.

Mr. Jobs : Then, **what makes you irritated?**

SCENE
1

난 정말 행복하지 않아요.

만족스럽지 않음을 나타내는 표현 'not happy about~'에 대해서 배워봅시다.

▶CHECK IT!   그림을 보고 알맞은 답을 골라봅시다.

Q. What is Mr. Chunk talking to himself?

☐ I'm not happy about my dirty shirt.

☐ I'm not happy about my poor grade.

☐ I'm not happy about my terrible job.

▶SCENE SCRIPT

Mr. Chunk : Whew, / **I'm not happy / about my terrible job.**
　　　　　　휴,　 / 　나는 행복하지 않아요. / 　나의 끔찍한 직업에 대해서

My boss always compares / me / with others.
내 상사는 항상 비교해요.　　 / 　나를 / 다른 사람과

▶STUDY & SPEAK IT! 표현을 익히고 발음해봅시다.

I'm not happy / about my terrible job.⌒

▷형태: I'm not happy about~
▷해석: 난 ~에 대해 행복하지 않아요.
▷의미: 만족스럽지 않은 감정과 그 대상을 표현

about은 '~에 대해'라는 뜻입니다. 무엇인가 만족스럽지 않을 때, I'm not happy about 뒤에 그 대상을 넣어 '~에 대해 행복하지 않다, 만족하지 않다'라는 뜻을 표현합니다.
부정문이기에 not에 강세가 갑니다. 그리고 about 뒤에 나오는 부분이 내용상 핵심어이므로 강하게 발음합니다. I'm not happy는 [암 낫 해삐]라고 읽습니다.
빨간색 진한 부분을 강하게 읽어 봅시다.

1. 나는 행복하지 않아요. / *(무엇에 대해)* 그 시험 결과에 대해
   I'm **not happy** / about the **test result.** ⌒
2. 나는 행복하지 않아요. / *(무엇에 대해)* 나의 낮은 성적에 대해
   I'm **not happy** / about my **poor grade.** ⌒
3. 나는 행복하지 않아요. / *(무엇에 대해)* 나의 끔찍한 직업에 대해
   I'm **not happy** / about my **terrible job.** ⌒

SCENE 2

Mr. Scrooge 때문에 정말...

분노와 그 이유를 함께 나타내는 표현 '~ annoy(s) me because~'에
대해 배워봅시다.

▶CHECK IT! 그림을 보고 알맞은 답을 골라봅시다.

Q. What is Mr. Chunk thinking of?

☐ This fan annoys me because it makes a lot of noises.

☐ Studying math annoys me because it is too difficult.

☐ Mr. Scrooge annoys me because he is not kind.

▶SCENE SCRIPT

Mr. Chunk : **Mr. Scrooge annoys me / because he is not kind.**

　　　　　　Mr. Scrooge가 나를 화나게 해요, / 그가 친절하지 않기 때문에

　　　　　I don't want / to work / with Mr. Scrooge / anymore.

　　　　　나는 원하지 않아요. / 일하는 것을 / Mr. Scrooge와 함께 / 더 이상

▶STUDY & SPEAK IT! 표현을 익히고 발음해봅시다.

Mr. Scrooge annoys me / because he is not kind.⌐

　▷형태: 주어 annoys me because 주어 동사
　▷해석: ~하기 때문에 ~가 나를 화나게 한다.
　▷의미: 분노의 감정과 그 이유를 함께 표현

제일 앞에 나오는 주어 자리에 나를 화나게 하는 대상을 씁니다. because 뒤에는 화나게 하는 이유를
표현합니다. because는 '~ 때문에'라는 뜻으로 이유를 나타낼 때 사용하는 대표적인 단어입니다.
annoys(어노이즈)는 두 번째 음절에 강세가 있어서 noy(노이)를 강하게 발음해야 해요.
마지막의 S발음은 우리말의 [즈]소리와 같답니다. 마지막에 붙어 있어서 소리 내는 것을 소홀히 할 수도
있지만 반드시 약하게라도 소리를 내야 해요.
소리를 내봐요! 그리고 빨간색 진한 부분을 강하게 읽어봅시다.

1. 이 선풍기가 나를 화나게 한다. / (왜) 그것이 큰 소음을 내기 때문에
　　This fan annoys me / because it makes a lot of noises.⌐
2. 수학 공부는 나를 화나게 한다. / (왜) 그것이 너무 어렵기 때문에
　　Studying math annoys me / because it is too difficult.⌐
3. Mr. Scrooge가 나를 화나게 한다. / (왜) 그가 친절하지 않기 때문에
　　Mr. Scrooge annoys me / because he is not kind.⌐

무슨 일이야?

상대방의 감정 상태의 이유를 물어보는 표현 'What makes you~?'에 대해서 배워봅시다.

▶CHECK IT!
그림을 보고 알맞은 답을 골라봅시다.

Q. What is Mr. Jobs asking Mr. Chunk?

☐ What makes you happy?

☐ What makes you irritated?

☐ What makes you excited?

▶SCENE SCRIPT

Mr. Jobs : What's wrong? / Do you have / any problem?
　　　　　　무슨 일이니?　　/ 너는 가지고 있니? /　어떤 문제를

Mr. Chunk : Oh, / it's nothing.
　　　　　　　오, /　아무 것도 아니야.

Mr. Jobs : Then, / what makes you / irritated?
　　　　　　그럼, /　무엇이 너를 만드니? /　짜증나도록

▶STUDY & SPEAK IT! 표현을 익히고 발음해봅시다.

What makes you irritated?⌒

▷형태: What makes you + 감정을 나타내는 형용사?
▷해석: 무엇이 당신을 ~하게 만드나요?
▷의미: 상대방이 무엇 때문에 그런 감정을 느끼는지 묻는 표현

'make'는 '~를 어떠한 상태로 만들다'라는 뜻이 있어요. 따라서 you 뒤에 감정을 나타내는 형용사를 써서 무엇이 당신을 그러한 감정 상태로 만들었냐는 의미를 표현할 수 있습니다.

What makes you 부분의 발음을 주의해야 합니다. 한국인들이 종종 [완 메익쓔]라고 발음하는데 이는 잘못된 발음이며, 반드시 [왓 메익쓔]라고 말해야 합니다.

그리고 makes you는 연음이 되어 [메익쓔]라고 한 단어처럼 이어서 발음합니다.

irritated [이리테이리드]는 첫 번째 음절에 1강세, 세 번째 음절에 2강세가 오기 때문에 [이리테이리드]라고 발음합니다. ([이리테이티드]도 맞지만, 영어에서는 강세가 오지 않는 음절의 [t]발음은 우리말 'ㄹ'과 비슷하게 발음합니다.) 빨간색 진한 부분을 강하게 읽어봅시다.

1. 무엇이 당신을 만드나요? / (어떤 상태로) 행복하게
　　What makes you / happy? ⌒

2. 무엇이 당신을 만드나요? / (어떤 상태로) 짜증나게
　　What makes you / irritated? ⌒

3. 무엇이 당신을 만드나요? / (어떤 상태로) 신나게
　　What makes you / excited? ⌒

우울한 하루

지금까지 배운 내용을 참고하여 문제를 풀어봅시다.

▶PRACTICE IT!

1. 문장의 해석과 주어진 단어를 활용해 빈칸을 채워봅시다. (필요 시, 단어의 형태를 바꾸세요.)

   * 정답은 2번 문항에 있지만 보지 말고 혼자 힘으로 먼저 해보세요.

   (1) 나는 시험 결과에 대해 행복하지 않아요. (result: 결과)

   I'm not _____ _____ the test _____.

   (2) 나는 그 소식에 대해 행복하지 않아요. (news: 소식)

   I'm not _____ _____ the _____.

   (3) 이 케이크 맛이 끔찍해서 화가 난다. (terrible: 끔찍한)

   This cake _____ me _____ it tastes _____.

   (4) 눈은 도로를 미끄럽게 만들기 때문에 나를 화나게 한다. (slippery: 미끄러운)

   Snow _____ _____ _____ it makes the roads _____.

   (5) 무엇이 당신을 슬프게 하나요? (sad: 슬픈)

   _____ makes you _____?

   (6) 무엇이 당신을 걱정스럽게 하나요? (worried: 걱정하는)

   _____ _____ you _____?

2. 빨간색 글씨에 강세를 두어 문장을 자연스럽게 읽어봅시다. 한 번씩 읽을 때마다 옆에 있는 네 모 박스에 체크(√) 표시를 해보세요. 총 5번씩 읽어보세요.

   (1) I'm **not hap**py / about the **test re**sult.↷

   (2) I'm **not hap**py / about the **news**.↷

   (3) **This cake an**noys me / because it tastes **ter**rible.↷

   (4) **Snow annoys** me / because it makes the **roads slip**pery.↷

   (5) **What makes** you / **sad**?↷

   (6) **What makes** you / **wor**ried?↷

▶TRY IT! Do it yourself.

1. 각 그림과 그에 어울리는 표현을 연결하세요.

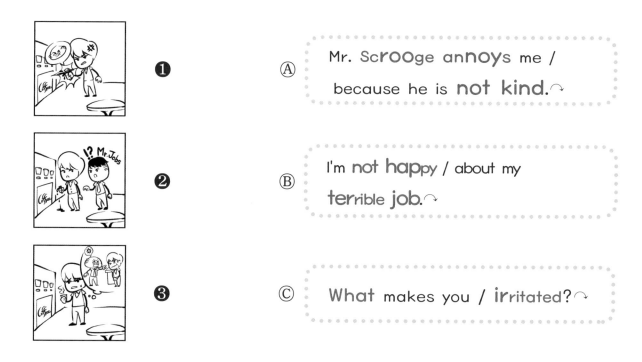

❶

Ⓐ
Mr. Scrooge annoys me /
because he is not kind.⌒

❷

Ⓑ
I'm not happy / about my
terrible job.⌒

❸

Ⓒ
What makes you / irritated?⌒

2. 그림과 의미를 보고, 빈칸에 알맞은 영어 표현을 써본 뒤 말해보세요.

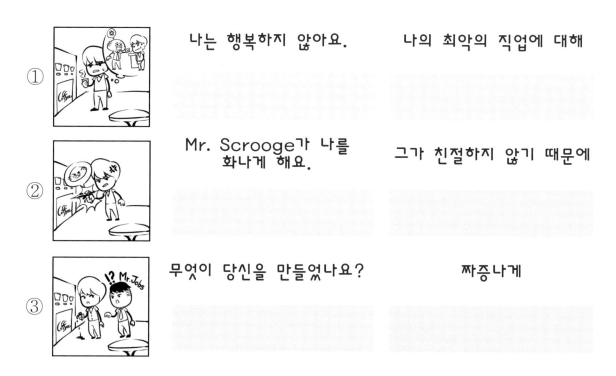

① 나는 행복하지 않아요.   나의 최악의 직업에 대해

② Mr. Scrooge가 나를 화나게 해요.   그가 친절하지 않기 때문에

③ 무엇이 당신을 만들었나요?   짜증나게

> Straight roads do not make skillful drivers.
> 쉬운 도로로만 가면 능숙한 운전수가 될 수 없다.
> - Paulo Coelho

UNIT

23 힘을 주는 하루

scene 1 불만족을 나타내는 표현 'I'm not satisfied with~'
scene 2 실망하지 말라고 위로하는 표현 'Don't be disappointed with/in~'
scene 3 조언하는 표현 'If I were you, I would~'

▶ TODAY'S DIALOGUE

Scene 1

Mr. Chunk : Mr. Scrooge yelled at me again because I didn't finish some documents.
I know it's my fault, but **I'm not satisfied with Mr. Scrooge's behavior**, either.

Scene 2

Mr. Jobs : That's too bad.

Mr. Chunk : I think I'm a useless person because he always gets angry at me.

Mr. Jobs : **Don't be disappointed in your self.** That's not your fault.
Cheer up!

Scene 3

Mr. Chunk : Thank you for your supportive words.

Mr. Jobs : You're welcome. Anyway, **if I were you, I would go to the office.**
If not, Mr. Scrooge would be angry at you again.

정말 불만이에요.

불만족을 나타내는 표현 'I'm not satisfied with~'에 대해서 배워봅시다.

▶CHECK IT! 그림을 보고 알맞은 답을 골라봅시다.

Q. What does Mr. Chunk say to Mr. Jobs in response?

☐ I'm not satisfied with my hair style.

☐ I'm not satisfied with my outfit.

☐ I'm not satisfied with Mr. Scrooge's behavior.

▶SCENE SCRIPT

Mr. Chunk : Mr. Scrooge yelled / at me / again / because I didn't
finish some documents.

Mr. Scrooge가 소리 질렀어. / 나에게 / 또다시 / 내가 서류를 끝내지 못했기 때문에

I know / it's my fault, / but / I'm not satisfied / with Mr. Scrooge's behavior,
/ either.

나는 알고 있어. / 내 잘못이란 것을 / 하지만, / 나는 만족하지 않아. / Mr. Scrooge의 행동에 대해서
/ 또한

▶STUDY & SPEAK IT! 표현을 익히고 발음해봅시다.

I'm not satisfied / with Mr. Scrooge's behavior.⌒

▷형태: I'm not satisfied with + 명사
▷해석: 나는 ~에 대해 만족하지 않는다.
▷의미: 불만족을 나타내는 표현

satisfy(~를 만족시키다)의 과거분사형인 satisfied는 '만족하는, 만족감을 느끼는'이라는 뜻입니다.
satisfied는 전치사 with와 짝꿍처럼 함께 쓰입니다.
satisfied [쌔리스파이드]는 첫 번째 음절에 강세가 옵니다.
따라서 sa [쌔]를 강하고 크게 발음합니다. 빨간색 진한 부분을 강하게 읽어 봅시다.

1. 나는 만족하지 않아요. / (무엇에 대해) 나의 옷차림에 대해
   I'm not satisfied / with my outfit. ⌒
2. 나는 만족하지 않아요. / (무엇에 대해) 나의 머리 스타일에 대해
   I'm not satisfied / with my hair style. ⌒
3. 나는 만족하지 않아요. / (누구에 대해) Mr. Scrooge의 행동에 대해
   I'm not satisfied / with Mr. Scrooge's behavior. ⌒

SCENE 2

실망하지 마세요.

실망하지 말라고 위로하는 표현 'Don't be disappointed with/in~'에 대해서 배워봅시다.

▶CHECK IT! 그림을 보고 알맞은 답을 골라봅시다.

Q. What is Mr. Jobs talking to Mr. Chunk?

☐ Don't be disappointed in him.

☐ Don't be disappointed with yourself.

☐ Don't be disappointed in your grades.

▶SCENE SCRIPT

Mr. Jobs : That's too bad.

그것 참 안됐구나.

Mr. Chunk :

I think / I'm a useless person / because he always gets angry / at me.

나는 생각해. / 내가 쓸모없는 사람이라고 / 그가 항상 화를 내기 때문에 / 나에게

Mr. Jobs :

Don't be disappointed / in yourself. / That's not your fault. / Cheer up!

실망하지 마. / 너 자신에게 / 그것은 네 잘못이 아니야. / 힘내!

▶STUDY & SPEAK IT! 표현을 익히고 발음해봅시다.

Don't be disappointed / in yourself.↷

▷형태: Don't be disappointed with(in) + 명사

▷해석: ~에 실망하지 마세요.

▷의미: 실망하지 말라고 위로하는 표현

disappoint(~를 실망시키다)의 과거분사형인 disappointed는 '실망한, 실망감을 느끼는'이라는 뜻입니다. disppointed는 전치사 with나 in과 짝궁처럼 함께 쓰입니다.

하지 마(Don't), 실망한(disappointed), 너 자신(yourself)이 문장의 중심내용이죠.

길고 강하게 발음하세요. 그 외는 약하고 짧게 읽어보세요. 빨간색 진한 부분을 강하게 읽어봅시다.

1. 실망하지 마세요. / (무엇에) 당신 자신에게

Don't be disappointed / in yourself. ↷

2. 실망하지 마세요. / (무엇에) 그에게

Don't be disappointed / with him. ↷

3. 실망하지 마세요. / (무엇에) 당신의 성적에

Don't be disappointed / in your grades. ↷

TIP ※ 이렇게 읽어 봐요!

1. 글에 선을 그리면서 읽기
2. 강세부분에 박수를 치며 읽기

SCENE
3

만약 내가 당신이라면

조언하는 표현 'If I were you, I would~'에 대해서 배워봅시다.

▶CHECK IT! 그림을 보고 알맞은 답을 골라봅시다.

Q. What is Mr. Jobs saying to Mr. Chunk?

□ If I were you, I would go to the office.

□ If I were you, I would go to the hospital.

□ If I were you, I would clean the room right now.

▶SCENE SCRIPT

Mr. Chunk : Thank you / for your supportive words.
고마워 / 너의 힘을 주는 말이

Mr. Jobs :
You're welcome. / Anyway, / if I were you, / I would go / to the office.
천만에. / 어쨌든, / 만약 내가 너라면, / 나는 갈 거야. / 사무실로
If not, / Mr. Scrooge would be angry / at you / again.
만약 그렇게 안 하면, / Mr. Scrooge가 화낼 거야. / 너에게 / 다시

▶STUDY & SPEAK IT! 표현을 익히고 발음해봅시다.

If I were you, I would go to the office.⤶

▷형태: If I were you, I would + 동사원형

▷해석: 내가 만약 당신이라면, 난 ~하겠어요.   ▷의미: 충고 또는 조언하는 표현

가정법(만약 ~라면)을 사용하여 충고, 조언을 하는 표현입니다. 가정법 절에서 주어가 무엇이냐에 관계없이 be동사는 were로 사용합니다. "If I were you, I would 동사원형"을 덩어리째로 기억하면 좋을 것 같네요. 의미상 핵심어인 you, go, office를 강하고 길게 발음하고요, 나머지 단어들은 짧고 약하게 소리를 낸답니다. 빨간 색 진한 부분을 강하게 읽어봅시다.

1. 내가 만약 당신이라면, / (어떻게) 나는 갈 거예요. / (어디로) 사무실로
   If I were you, / I would go / to the Office. ⤶

2. 내가 만약 당신이라면, / (어떻게) 나는 갈 거예요. / (어디로) 병원으로
   If I were you, / I would go / to the hospital. ⤶

3. 내가 만약 당신이라면, / (어떻게) 나는 그 방을 청소할 거예요. / (언제) 지금 당장
   If I were you, / I would clean the room / right now. ⤶

힘을 주는 하루

지금까지 배운 내용을 참고하여 문제를 풀어봅시다.

▶PRACTICE IT!

1. 문장의 해석과 주어진 단어를 활용해 빈칸을 채워봅시다. (필요 시, 단어의 형태를 바꾸세요.)

   * 정답은 2번 문항에 있지만 보지 말고 혼자 힘으로 먼저 해보세요.

   (1) 나는 이 음식점의 음식에 대해 만족하지 않아요. (restaurant: 음식점)

   I'm not _____ _____ the food of this _____.

   (2) 나는 이 호텔의 서비스에 대해 만족하지 않아요. (satisfy: 만족시키다)

   I'm not _____ _____ the _____ of this _____.

   (3) 당신의 아이들에게 실망하지 마세요. (children: 아이들)

   Don't _____ _____ with your _____.

   (4) 그녀가 한 말에 실망하지 마세요. (say: 말하다)

   Don't _____ _____ in what she _____.

   (5) 내가 만약 당신이라면, 난 당신의 어머니를 도와드릴 거예요. (help: 돕다)

   If I _____ you, I _____ _____ your mother.

   (6) 내가 만약 당신이라면, 난 연장자석에 앉지 않을 거예요. (the elderly: 연장자들)

   If I _____ you, I _____ not _____ on the seats for _____ _____.

2. 빨간색 글씨에 강세를 두어 문장을 자연스럽게 읽어봅시다. 한 번씩 읽을 때마다 옆에 있는 네모 박스에 체크(√) 표시를 해보세요. 총 5번씩 읽어보세요.

   (1) I'm **not sat**isfied / with the **food** / of this **res**taurant. ⌒ ☐☐☐☐☐

   (2) I'm **not sat**isfied / with the **ser**vice / of this **ho**tel. ⌒ ☐☐☐☐☐

   (3) **Don't** be disap**poin**ted / with your **child**ren. ⌒ ☐☐☐☐☐

   (4) **Don't** be disap**poin**ted / in what she **said**. ⌒ ☐☐☐☐☐

   (5) If I were **you**, / I would **help** your **mo**ther. ⌒ ☐☐☐☐☐

   (6) If I were **you**, / I would **not sit** / on the **seats** / for the **el**derly. ⌒

   ☐☐☐☐☐

▶TRY IT! Do it yourself.

1. 각 그림과 그에 어울리는 표현을 연결하세요.

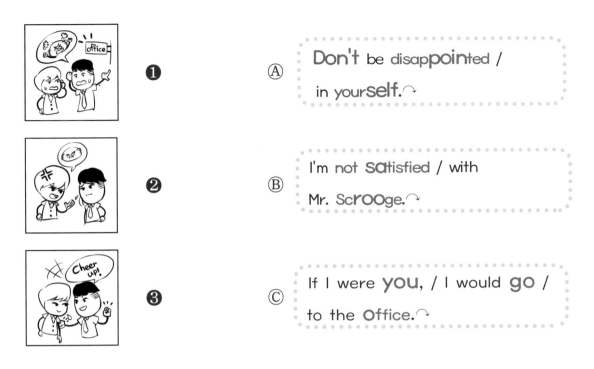

❶　　　Ⓐ Don't be disappointed / in yourself.⤴

❷　　　Ⓑ I'm not satisfied / with Mr. Scrooge.⤴

❸　　　Ⓒ If I were you, / I would go / to the Office.⤴

2. 그림과 의미를 보고, 빈칸에 알맞은 영어 표현을 써본 뒤 말해보세요.

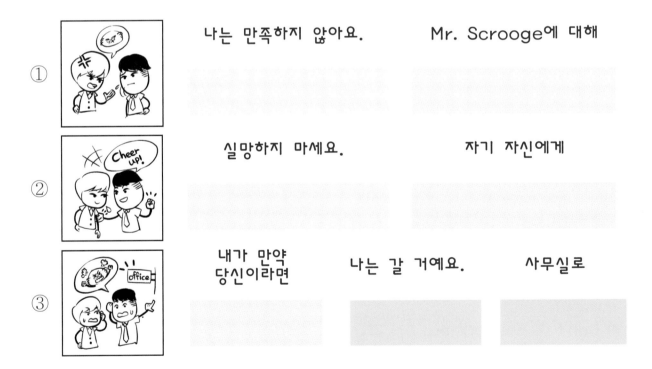

① 나는 만족하지 않아요.　　Mr. Scrooge에 대해

② 실망하지 마세요.　　자기 자신에게

③ 내가 만약 당신이라면　　나는 갈 거예요.　　사무실로

Regret for wasted time is more wasted time.
낭비한 시간에 대한 후회는 더 큰 시간 낭비이다.
- Mason Cooley

UNIT

24 그 시절이 떠올라요

scene 1 과거를 그리워하는 표현 'I miss the time when~'
scene 2 잊지 못하는 일을 말할 때 쓰는 표현 'I'll never forget ~ing'
scene 3 격식을 갖춘 감사 표현 'I really appreciate~'

▶ TODAY'S DIALOGUE

Scene 1

Mr. Chunk : I miss the time when I was a superhero.

Scene 2

Mr. Chunk : When I was a superhero, I saved hundreds of thousands of people.
I was at the center in the parade and the whole nation applauded and shouted. I'll never forget getting applause.

Scene 3

Audience : Wow, you're the best in the world, superhero.

Mr. Chunk : I really appreciate your encouragement. I'm your superhero.
If you are in danger, just call me. I'll come to you anytime.

그 시절이 그리워요.

과거를 그리워하는 표현 'I miss the time when~'에 대해서 배워봅시다.

▶CHECK IT!

그림을 보고 알맞은 답을 골라봅시다.

Q: What is Mr. Chunk thinking of?

☐ I miss the time when I was young.

☐ I miss the time when I was a superhero.

☐ I miss the time when I was a teacher.

▶SCENE SCRIPT

Mr. Chunk : I miss the time / when I was a superhero.

나는 그 시절이 그리워. / 내가 수퍼히어로였던

▶STUDY & SPEAK IT! 발음을 익히고 표현을 말해봅시다.

I miss the time / when I was a superhero.⌒

▷형태: miss the time when + 주어 + 동사

▷해석: ~이었던 시절을 그리워하다.

▷의미: 과거의 시절을 그리워하는 표현

'the time when + 주어 + 동사'는 '~가 …이었던 때'를 말할 때 사용됩니다.
the time은 생략 가능합니다. 수퍼히어로였을 때를 그리워한다는 표현이 들어간 핵심어
miss, time, superhero를 강하게 발음하여 의미가 확실히 전달되도록 읽어봅시다.

1. 나는 그 시절이 그리워요. / *(어떤)* 내가 젊었던

I miss the time / when I was young. ⌒

2. 나는 그 시절이 그리워요. / *(어떤)* 내가 수퍼히어로였던

I miss the time / when I was a superhero. ⌒

3. 나는 그 시절이 그리워요. / *(어떤)* 내가 선생님이었던

I miss the time / when I was a teacher. ⌒

나는 절대 못 잊어요.

잊지 못하는 일을 말할 때 쓰는 표현 'I'll never forget ~ing'에 대해서 배워봅시다.

▶CHECK IT!

그림을 보고 알맞은 답을 골라봅시다.

Q: What is Mr. Chunk thinking of?

☐ I'll never forget playing soccer.

☐ I'll never forget getting applause.

☐ I'll never forget running with my puppy.

▶SCENE SCRIPT

Mr. Chunk : When I was a superhero, / I saved / hundreds of thousands of people.

내가 Superhero이었을 때, / 나는 구했어요. / 수백 수천의 사람을(방대한 수의 사람을)

I was at the center in the parade / and the whole nation applauded and shouted./

나는 행렬의 가운데에 있었어요. / 그리고 온 나라 전체가 환호하고 큰 소리로 외쳤어요.

I'll never forget / getting applause.

나는 절대로 잊을 수 없어요. / 큰 박수를 받았던 것을

▶STUDY & SPEAK IT! 발음을 익히고 표현을 말해봅시다.

I'll never forget / getting applause. ⌒

▷형태: I'll never forget + (동사 + ing)
▷해석: ~했던 것을 절대 잊지 않을 것이다.
▷의미: 이미 했던 일을 잊을 수 없다는 표현

never '결코~않다'는 의미를 가지고 있어서 not이 없어도 부정문을 만들 수 있어요. not보다는 더 강한 부정의 표현이에요. 'forget + 동사원형+ing'는 과거에 있었던 일을, 'forget + to + 동사원형'은 앞으로 해야 할 일을 잊는다는 의미입니다. 예를 들어 'I'll never forget to bring my textbook.'이라고 한다면 '앞으로 교과서 가져오는 것을 잊지 않겠다.'라는 뜻이 됩니다. 부정어 never에서는 1음절에, forget에서는 2음절에 강세를 두고 발음합니다. 한 가지 예문을 더 들어볼게요.
Don't forget to tell me when you get home. 집에 도착하면 나한테 전화하는 거 잊지마.

1. 나는 절대 잊을 수 없어요. / (무엇을) 축구 했던 것을

   I'll never forget / playing soccer. ⌒

2. 나는 절대 잊을 수 없어요. / (무엇을) 큰 박수를 받았던 것을

   I'll never forget / getting applause. ⌒

3. 나는 절대 잊을 수 없어요. / (무엇을) 달렸던 것을 / (누구와) 나의 강아지와

   I'll never forget / running / with my puppy. ⌒

TIP ※ 이렇게 읽어 봐요!
1. 글에 선을 그리면서 읽기 ☐☐☐☐
2. 강세부분에 박수를 치며 읽기 ☐☐☐☐

정말 고마워요.

격식을 갖춘 감사 표현 'I really appreciate~'에 대해서 배워봅시다.

▶CHECK IT! 그림을 보고 알맞은 답을 골라봅시다.

Q: What would Mr. Chunk say in this situation?

☐ I really appreciate your love.

☐ I really appreciate your help.

☐ I really appreciate your encouragement.

▶SCENE SCRIPT

Audiences : Wow, / you're the best / in the world, / superhero.

와, / 당신이 최고예요. / 세상에서 / 슈퍼히어로

Mr. Chunk : I really appreciate / your encouragement. / I'm your superhero.

정말로 감사해요. / 여러분의 격려에 대해 / 나는 여러분의 superhero에요.

If you are in danger, / just call me. / I'll come / to you anytime.

만약 당신이 위험에 처한다면, / 저에게 전화하세요. / 내가 갈게요. / 당신에게 언제라도

▶STUDY & SPEAK IT! 발음을 익히고 표현을 말해봅시다.

● I really appreciate / your enCOURagement.↷

▷형태: I really appreciate + (감사 이유: 명사 / 명사절)

▷해석: ~해주셔서 정말 감사합니다.

▷의미: 감사의 마음을 강조하는 표현

really는 '정말 ~해'라는 뜻으로 very, so처럼 문장에서 말하고자 하는 뜻을 강조할 수 있어요. really의 'r' 발음을 할 때는 입술을 둥글게 주욱 내밀었다가 입술을 양쪽으로 납작하게 펴면서 소리를 내줍니다. appreciate와 your encouragement는 이어서 바로 읽어 [어프리쉐이츄얼인커리쥐먼트]로 읽어줍니다.

1. 정말로 감사해요.　　　 / (무엇에 대해) 여러분의 사랑에 대해

I really appreciate / your love. ↷

2. 정말로 감사해요.　　　 / (무엇에 대해) 여러분의 도움에 대해

I really appreciate / your help. ↷

3. 정말로 감사해요.　　　 / (무엇에 대해) 여러분의 격려에 대해

I really appreciate / your enCOURagement. ↷

REVIEW

그 시절이 떠올라요.

지금까지 배운 내용을 참고하여 문제를 풀어봅시다.

▶PRACTICE IT!

1. 문장의 해석과 주어진 단어를 활용해 빈칸을 채워보세요.(필요 시, 단어의 형태를 바꾸세요.)

   * 정답은 2번 문항에 있지만 보지 말고 혼자 힘으로 먼저 해보세요.

   (1) 나는 유치원 시절이 그리워. (kindergarten)

      I miss the time _____ I was in _____.

   (2) 그는 그의 20대 중반을 그리워한다. (miss)

      He _____ the time when he _____ in the middle of his 20s.

   (3) 당신을 처음 만났을 때를 잊을 수가 없어. (meet: 만나다)

      I'll never forget _____ you for the _____ time.

   (4) 학교에서 공부하던 때를 잊을 수가 없어. (study: 공부하다)

      I'll never forget _____ in _____.

   (5) 도와주셔서 정말 감사합니다. (help: 도움)

      I really _____ all your _____.

   (6) 시간 내주셔서 정말 감사합니다. (take the time: 시간을 들이다)

      I _____ appreciate you _____ the time.

2. 빨간색 글씨에 강세를 두어 문장을 자연스럽게 읽어봅시다. 한 번씩 읽을 때마다 옆에 있는 네
   모 박스에 체크(√) 표시를 해보세요. 총 5번씩 읽어보세요.

   (1) I miss the time/ when I was / in kindergarten.⤴ ☐☐☐☐☐

   (2) He misses the time/ when he was/ in the middle of his 20s.⤴

   ☐☐☐☐☐

   (3) I'll never forget / meeting you / for the first time.⤴ ☐☐☐☐☐

   (4) I'll never forget / studying in school.⤴ ☐☐☐☐☐

   (5) I really appreciate / all your help. ⤴ ☐☐☐☐☐

   (6) I really appreciate you / taking the time. ⤴ ☐☐☐☐☐

▶TRY IT! Do it yourself.

1. 각 그림과 그에 어울리는 표현을 연결하세요.

❶ Ⓐ I'll **never** for**get** / **get**ting app**lau**se.↷

❷ Ⓑ I **mi**ss the **time** / when I was a **su**perhero. ↷

❸ Ⓒ I **rea**lly app**rec**iate / your en**cou**ragement.↷

2. 그림과 의미를 보고, 빈칸에 알맞은 영어 표현을 써본 뒤 말해보세요.

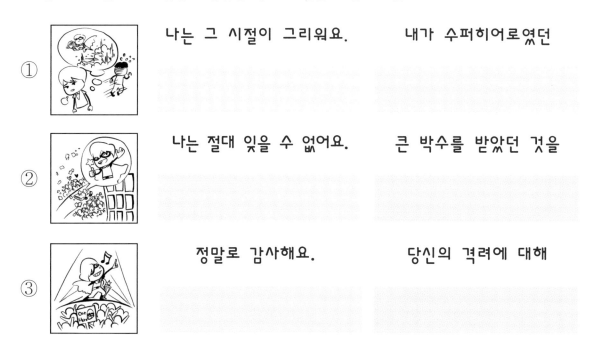

① 나는 그 시절이 그리워요.   내가 수퍼히어로였던

② 나는 절대 잊을 수 없어요.   큰 박수를 받았던 것을

③ 정말로 감사해요.   당신의 격려에 대해

Your imagination is your preview of
life's coming attractions.
당신의 상상력은 당신이 살게 될 멋진 인생을
미리 알려주는 영화의 예고편과 같다.
- Albert Einstein

25 쇼핑은 즐거워

scene 1 이미 전달한 것을 다시 말할 때 쓰는 표현 'I said~'
scene 2 무언가를 찾을 때 쓰는 표현 'I'm looking for~'
scene 3 허락을 구할 때 쓰는 표현 'Do you mind if~?'

▶ TODAY'S DIALOGUE

Scene 1

Chunky, Sis Chunk: Mom, we'd like to go
to the toy shop first.

Ms. Chunk: **I said you can't buy toys
here.**

Scene 2

Chunky: What are you looking for? We can
help you.

Ms. Chunk: **I'm looking for fresh carrots
on sale.**

Scene 3

Chunky: Mom, you found the carrots.
**Do you mind if we go to the toy
shop?**

SCENE 1 내가 말했지!

이미 전달한 것을 다시 말할 때 쓰는 표현 'I said~'에 대해서 배워봅시다.

▶CHECK IT! 그림을 보고 알맞은 답을 골라봅시다.

Q. What does Ms. Chunk want to say?

☐ I said you can't buy toys.

☐ I said you can't eat pizza.

☐ I said you can't play computer games.

▶SCENE SCRIPT

Chunky, sis Chunk: We'd like to / go to the toy shop / first.

우리는 원해요. / 장난감 가게에 가기를 / 먼저

Ms. Chunk: I said / you can't buy / toys here.

난 말했어. / 너는 살 수 없다고 / 장난감을 여기에서

▶STUDY & SPEAK IT! 발음을 익히고 표현을 말해봅시다.

I said you can't buy toys here. ⌒

▷형태: '주어 + said~'

▷해석: (과거에) ~라고 말했었다.

▷의미: 이미 전달한 것을 다시 말할 때 쓰는 말

가령 엄마가 아기에게 "You can't eat pizza.(너는 피자를 먹을 수 없어.)"라고 이미 말했는데 계속 피자를 먹겠다고 억지를 부리는 상황에서 엄마가 아이에게 해줄 수 있는 말로 "I said you can't eat pizza.(피자를 먹을 수 없다고 내가 너한테 말했지.)"라고 할 수 있어요.
일반적으로는 시제 일치 법칙에 의해 과거에 말한 것을 전달하는 것이므로 said 다음에 나오는 문장의 동사를 과거형(I said you couldn't eat pizza.)으로 말하지만 그렇게 말하면 '과거에 네가 ~할 수 없었다'는 사실을 그냥 평범하게 진술하는 것처럼 보이게 됩니다. 지금 상황에서는 과거 뿐 아니라 현재도 먹을 수 없다는 뜻이 담겨 있으므로 현재형인 can't로 말해야 합니다. can't는 cannot의 줄임말이에요.
[캔트]로 발음하고 '애' 발음을 강하게 소리내는 반면, 't'소리는 거의 들리지 않게 발음하면 된답니다.
said[쎄드]를 sad[쎄드]처럼 발음하지 않도록 합니다.

1. 내가 이야기 했어. / (무엇을) 너는 컴퓨터 게임을 할 수 없다고

   I said / you can't play computer games. ⌒

2. 내가 이야기 했어. / (무엇을) 너는 피자를 먹을 수 없다고

   I said / you can't eat pizza. ⌒

3. 내가 이야기 했어. / (무엇을) 너는 장난감을 살 수 없다고 / (어디에서) 백화점에서

   I said / you can't buy toys / in this department store. ⌒

SCENE 2 — 당근은 어디에 있지?

무언가를 찾을 때 쓰는 표현 'I'm looking for~'에 대해서 배워봅시다.

▶CHECK IT!

그림을 보고 알맞은 답을 골라봅시다.

Q: What does Ms. Chunk want to say?

□ I'm looking for fresh milk.

□ I'm looking for fresh carrots.

□ I'm looking for fresh fish.

▶SCENE SCRIPT

Chunky: What are you looking for? / We can help you.

　　　무엇을 찾고 있나요?　 / 우리가 당신을 도울 수 있어요.

Ms. Chunk: **I'm looking for / fresh carrots / on sale.**

　　　나는 찾고 있어. / 신선한 당근을　 / 할인 중인

▶STUDY & SPEAK IT! 발음을 익히고 표현을 말해봅시다.

I'm looking for fresh carrots on sale.⌒

▷형식: I'm looking for + 명사
▷해석: (명사)를 찾고 있는 중이다. ▷의미: (명사)를 찾아보고 있는 행동을 표현

look for 다음에 물건, 사람, 직업 등의 명사를 넣어 '~를 찾고 있다'고 표현할 수 있어요.
find는 찾아낸 결과를 나타내는 반면, look for는 찾고 있는 행동을 표현한답니다.
carrots on sale[캐럿츠 온 쎄일]이 아니라 [캐럿쏜 쎄일]로 연결해서 발음해 보세요!
sale은[쎄이-일]하면서 혀끝을 윗니 뒤쪽으로 가져다 대 주세요. 찾고 있는 것이 신선한
당근이므로 fresh carrots를 가장 크게 들리도록 강조하여 말합니다.

TIP ※ 이렇게 읽어 봐요!
1. 지휘를 하듯이 읽기
2. 어깨를 으쓱, 머리를
   위아래로 강세 따라 읽기

1. 나는 찾고 있습니다. / (무엇을) 신선한 우유를
   I'm looking for / fresh milk. ⌒
2. 나는 찾고 있습니다. / (무엇을) 신선한 생선을
   I'm looking for / fresh fish. ⌒
3. 나는 찾고 있습니다. / (무엇을) 신선한 당근을 / (어떠한) 할인 중인
   I'm looking for / fresh carrots / on sale. ⌒

장난감 가게에 가면 안되나요?

허락을 구할 때 쓰는 표현 'Do you mind if + 주어 + 동사?'에 대해서 배워봅시다.

▶CHECK IT!

그림을 보고 알맞은 답을 골라봅시다.

Q: What do Chunky and Sis Chunk want to say?

☐ Do you mind if we play baseball?

☐ Do you mind if we go to the toy shop?

☐ Do you mind if we eat some chocolate?

▶SCENE SCRIPT

Chunky:

Mom, / you found / the carrots. / Do you mind / if we go to the toy shop?

엄마, / 찾았네요. / 당근을 / 당신은 꺼리세요?/ 우리가 장난감 가게에 가는 것을

▶STUDY & SPEAK IT! 발음을 익히고 표현을 말해봅시다.

Do you mind if we go to the toy shop?↻

▷형태: Do you mind if + 주어 + 동사~?

▷해석: ~해도 괜찮겠습니까?

▷의미: 허락을 구할 때 쓰임

'mind'는 '마음에 꺼리다, 싫어하다' 라는 뜻을 가진 동사에요. 그렇기 때문에 yes/no 대답을 잘해야 의사 전달을 올바르게 할 수 있어요. 'mind'로 물었을 때 yes로 답하면 그 행동을 꺼리니 하지 말아주었 으면 한다는 의미가 내포되는 것이랍니다. 하려던 것을 계속하라고 말하고 싶을땐 'No, I don't mind.' 혹은 'Not at all.', 'Of course not.'과 같이 부정어로 대답해줘야 합니다.

'Sure./Of course.' 등으로도 짧게 대답할 수 있는데 뒤에 별다른 말이 이어지지 않았을 때는 말하는 사람이 허락을 한다는 의미로 말한 것인지 아닌지를 대화의 흐름을 살펴보고 파악해봐야할 때가 있기도 합니다. 빨간색 부분을 강조해서 읽어주세요. if we를 연결하여 [이퓌]로 읽어주세요.

TIP ※ 이렇게 읽어 봐요!
1. 지휘를 하듯이 읽기
2. 어깨를 으쓱, 머리를 위아래로 강세 따라 읽기

1. 당신은 꺼리십니까? / (무엇을) 우리가 야구하는 것을

   Do you mind / if we play baseball?↻

2. 당신은 꺼리십니까? / (무엇을) 우리가 장난감 가게에 가는 것을

   Do you mind / if we go to the toy shop?↻

3. 당신은 꺼리십니까? / (무엇을) 우리가 약간의 초콜릿 먹는 것을

   Do you mind / if we eat some chocolate?↻

쇼핑은 즐거워.

지금까지 배운 내용을 참고하여 문제를 풀어봅시다.

▶PRACTICE IT!

1. 문장의 해석과 주어진 단어를 활용해 빈칸을 채워보세요.(필요 시, 단어의 형태를 바꾸세요.)

  * 정답은 2번 문항에 있지만 보지 말고 혼자 힘으로 먼저 해보세요.

(1) 나는 너한테 서두를 필요 없다고 말했다. (hurry: 서두르다)

   I said you don't _____ to _____.

(2) 그는 집에 가는 길이라고 말했다. (home: 집으로)

   He said he _____ on his way _____.

(3) 나는 직업을 구하고 있는 중입니다. (job: 직업)

   I'm _____ for a _____.

(4) 나는 나의 잃어버린 개를 찾고 있습니다. (lose)

   I'm _____ for my _____ dog.

(5) 당신에게 전화번호 좀 물어봐도 될까요? (ask: 묻다)

   Do you _____ if I _____ you a phone number?

(6) 제가 창문을 열어도 될까요? (window: 창문)

   Do you mind if I _____ the _____?

2. 빨간색 글씨에 강세를 두어 문장을 자연스럽게 읽어봅시다. 한 번씩 읽을 때마다 옆에 있는 네모 박스에 체크(√) 표시를 해보세요. 총 5번씩 읽어보세요.

(1) I said / you don't / need to hurry. ⌐   ☐☐☐☐☐

(2) He said / he was / on his way home. ⌐   ☐☐☐☐☐

(3) I'm looking for / a job. ⌐   ☐☐☐☐☐

(4) I'm looking for / my lost dog. ⌐   ☐☐☐☐☐

(5) Do you mind / if I ask your number? ↺   ☐☐☐☐☐

(6) Do you mind / if I open the window? ↺   ☐☐☐☐☐

▶TRY IT! Do it yourself.

1. 각 그림과 그에 어울리는 표현을 연결하세요.

❶

Ⓐ Do you **mi**nd / if we **go** to the **toy shop?**↷

❷

Ⓑ I'm **look**ing for / **fre**sh **carr**ots / on **sale.**↷

❸

Ⓒ I **said** / you **can't buy toys** / **here.**↷

2. 그림과 의미를 보고, 빈칸에 알맞은 영어 표현을 써본 뒤 말해보세요.

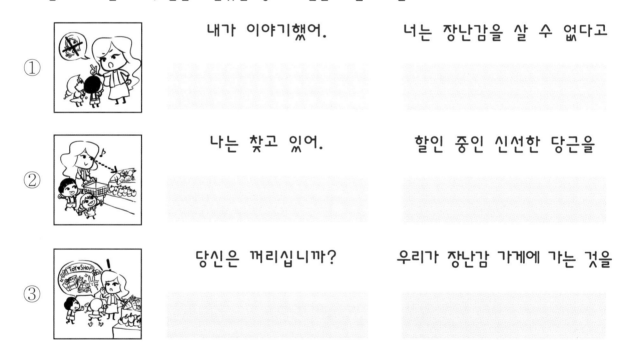

① 내가 이야기했어.   너는 장난감을 살 수 없다고

② 나는 찾고 있어.   할인 중인 신선한 당근을

③ 당신은 꺼리십니까?   우리가 장난감 가게에 가는 것을

The first duty of love is to listen.
사랑의 첫 번째 의무는 상대방의 말에 귀 기울이는 것이다.
- Paul Tillich

UNIT

26 아이들을 찾아주세요1

scene 1 유감을 나타내는 표현 'I'm afraid~'
scene 2 경험을 묻는 표현 'Have you + 과거분사~?'
scene 3 놀라움이나 의심스러움을 나타내는 표현 'I can't believe~'

▶ TODAY'S DIALOGUE

Scene 1

Ms. Chunk: Um··· **I'm afraid you can't go to the toy shop.**
I have to buy some apples, flour, and strawberry jam.

Scene 2

Ms. Chunk: I'm finished(done). We can go to the toy shop now.
Oh my goodness! Where are they? **Have you seen my children?**

Scene 3

Ms. Chunk: **I can't believe I lost my children.** I should have watched them carefully. It's my fault.

미안하지만 안돼!

유감을 나타내는 표현인 'I'm afraid~'에 대해서 배워봅시다.

▶CHECK IT!

그림을 보고 알맞은 답을 골라봅시다.

Q. What does Ms. Chunk want to say?

☐ I'm afraid you can't play soccer.

☐ I'm afraid you can't go to the library.

☐ I'm afraid you can't go to the toy shop.

▶SCENE SCRIPT

Ms. Chunk: Um… / I'm afraid / you can't go / to the toy shop.
음… / 미안하지만 / 너는 갈 수 없어. / 장난감 가게에

I have to buy / some apples, flour, and strawberry jam.
나는 사야 해. / 사과, 밀가루, 딸기 잼을

▶STUDY & SPEAK IT! 발음을 익히고 표현을 말해봅시다.

I'm afraid you can't go to the toy shop.⌒

▷형태: 'I'm afraid + 주어 + can't + 동사원형'

▷해석: (주어가) ~ 할 수 없어서 유감이다.

▷의미: 부정적인 말을 하면서 유감을 표현.

'I'm afraid + 주어 + can't + 동사원형'은 상대방에게 부정적인 말이나 금지하는 말을 하면서 유감을 표현할 때 쓰는 말입니다. 이 문장에서 I'm afraid는 '두렵다'라는 의미보다는 '유감이다'라는 의미로 I'm sorry와 비슷한 뜻이라고 생각하면 됩니다.

'be afraid of'는 '~을 두려워하다'라는 의미입니다. I'm afraid of big dogs.를 예문으로 들 수 있으며 '나는 큰 개를 두려워한다.'로 해석합니다.

can't에서 t소리는 내지 않고 [캔]에 강세를 두어 발음하면 부정어임을 나타내 줍니다. 반면에 긍정어 can은 [캔]이 아닌 [컨]정도로 약하게 발음해 줍니다.

1. 나는 유감입니다. / (무엇에 대해) 당신이 축구를 할 수 없어서
   I'm afraid / you can't play soccer. ⌒

2. 나는 유감입니다. / (무엇에 대해) 네가 갈 수 없어서 / (어디로) 도서관으로
   I'm afraid / you can't go / to the library.⌒

3. 나는 유감입니다. / (무엇에 대해) 네가 갈 수 없어서 / (어디로) 장난감 가게로
   I'm afraid / you can't go / to the toy shop.⌒

우리 아이들 못 보셨나요?

경험을 묻는 표현 'Have you + 과거분사~?'에 대해서 배워봅시다.

▶CHECK IT! 그림을 보고 알맞은 답을 골라봅시다.

Q: What does Ms. Chunk want to say?

☐ Have you seen my wallet?

☐ Have you seen my carrots?

☐ Have you seen my children?

▶SCENE SCRIPT

Ms. Chunk: I'm finished(done). / We can go / to the toy shop / now.
나는 일을 끝냈어.   /   우리는 갈 수 있어. /   장난감 가게에   /   이제

Oh my goodness! / Where are they?
이럴 수가!   /   아이들이 어디에 있지?

Have you seen / my children?
봤나요?   /   내 아이들을

▶STUDY & SPEAK IT! 발음을 익히고 표현을 말해봅시다.

Have you **seen** my **chi**ldren? ↺

▷**형태:** 'Have you + 과거분사~'
▷**해석:** ~한 적 있나요?   ▷**의미:** 경험을 묻는 표현

'Have you + 과거분사 ~'는 경험을 말할 때 씁니다. 'Have you'는 [헤뷰] 라고 발음하세요.
'V' 발음을 할 때 윗니로 아랫입술을 살짝 무는 것을 잊지 말아요!
'Have you 과거분사?'에 대한 대답으로 'Yes, I have. / No, I haven't.'를 쓸 수 있습니다.
'지금까지'라는 의미의 'ever'를 넣어서 'Have you ever + 과거분사?' 즉, '지금까지 ~해본 적이
있습니까?'라고 물을 수도 있습니다.
'Have you been to + 장소?'로 물으면 '~에 가본 적 있나요?'라는 의미의 질문이 됩니다.
ex) Have you been to Lotte World? 롯데월드에 가본 적이 있나요?

I. 당신은 본 있습니까? / (무엇을) 나의 지갑을
Have you **seen**   / my **wal**let? ↺

2. 당신은 본 적 있습니까? / (무엇을) 나의 당근을
Have you **seen**   / my **ca**rrots? ↺

3. 당신은 본 적 있습니까? / (무엇을) 나의 아이들을
Have you **seen**   / my **chi**ldren? ↺

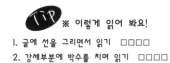

※ 이렇게 읽어 봐요!

I. 글에 선을 그리면서 읽기 ☐☐☐☐
2. 강세부분에 박수를 치며 읽기 ☐☐☐☐

SCENE 3

이 상황을 믿을 수 없어!

놀라움이나 의심스러움을 나타내는 표현 'I can't believe~'에 대해서 배워봅시다.

▶CHECK IT! 그림을 보고 알맞은 답을 골라봅시다.

Q: What does Ms. Chunk want to say?

☐ I can't believe my purse is stolen.

☐ I can't believe you told a lie.

☐ I can't believe I lost my children.

▶SCENE SCRIPT

Ms. Chunk: I can't believe / I lost / my children. /

나는 믿을 수 없어. / 내가 잃어버린 것을 / 나의 아이들을

I should have / watched them carefully. / It's my fault.

나는 했어야 했어. / 아이들을 주의깊게 보는 것을 / 내 잘못이야.

▶STUDY & SPEAK IT! 발음을 익히고 표현을 말해봅시다.

I can't believe I lost my children.⤴

▷형태: I can't believe + 명사절~?
▷해석: ~를 믿을 수 없다.
▷의미: 놀라움이나 의심스러움을 표현

'I can't believe~'는 어떤 일에 대한 놀라움이나 의심스러움을 표현할 때 씁니다.
빨간색 부분의 단어를 크게 강조하여 읽어주세요.
can't에서 't'는 음을 삼키듯이 하여 소리를 내지 않지만 [캐-앤]하고 길게 발음하고,
can은 짧고 약하게 [컨]으로 소리를 냅니다.

1. 나는 믿을 수 없어요. / (무엇을) 나의 지갑을 도둑맞은 것을
   I can't believe / my purse is stolen. ⤴
2. 나는 믿을 수 없어요. / (무엇을) 네가 거짓말을 했다는 것을
   I can't believe / you told a lie. ⤴
3. 나는 믿을 수 없어요. / (무엇을) 내가 아이들을 잃어버렸다는 것을
   I can't believe / I lost my children. ⤴

180 청크 스토리

아이들을 찾아주세요!

지금까지 배운 내용을 참고하여 문제를 풀어봅시다.

▶PRACTICE IT!

1. 문장의 해석과 주어진 단어를 활용해 빈칸을 채워보세요. (필요 시, 단어의 형태를 바꾸세요.)

  * 정답은 2번 문항에 있지만 보지 말고 혼자 힘으로 먼저 해보세요.

(1) 죄송합니다만 나는 당신이 무슨 말을 하고 있는지 이해할 수가 없습니다.

  (understand: 이해하다)

   I'm afraid I don't _____ what you're _____.

(2) 내가 당신의 클럽에 참가할 수가 없어서 유감입니다. (join: 참가하다)

   I'm afraid I can't _____ your _____.

(3) 전에 나를 본 적이 있나요? (before: 전에)

   Have you _____ me _____?

(4) 무지개를 본 적이 있나요? (rainbow: 무지개)

   _____ you seen a _____?

(5) 당신이 이것을 했다는 것이 믿어지지 않아요.(do: 하다)

   I can't _____ you've _____ this.

(6) 당신이 나를 사랑하고 있다는 것을 믿을 수가 없어요. (love: 사랑하다)

   I can't _____ that you're in _____ with me.

2. 빨간색 글씨에 강세를 두어 문장을 자연스럽게 읽어봅시다. 한 번씩 읽을 때마다 옆에 있는 네모 박스에 체크(√) 표시를 해보세요. 총 5번씩 읽어보세요.

(1) I'm afraid / I don't understand / what you're saying.⌒

(2) I'm afraid / I can't join your club.⌒

(3) Have you seen me / before?⌣

(4) Have you seen / a rainbow?⌣

(5) I can't believe / you've done this.⌒

(6) I can't believe / that you're in love with me.⌒

▶TRY IT! Do it yourself.

1. 각 그림과 그에 어울리는 표현을 연결하세요.

❶

Ⓐ Have you **seen** my **children**?↺

❷

Ⓑ I **can't** be**lie**ve I **lo**st my **children**.↷

❸

Ⓒ I'm af**raid** you **can't** go to the **toy shop**.↷

2. 그림과 의미를 보고, 빈칸에 알맞은 영어 표현을 써본 뒤 말해보세요.

①

나는 유감입니다.   당신이 갈 수 없어서

②

본 적 있나요?   나의 아이들을

③

믿을 수 없어요.   내가 아이들을 잃어버렸다는 걸

If you only do what you can do, you will
never be more than you are now.
네가 할 수 있는 것만 한다면, 지금의 너보다 절대 나아질 수 없어.
- Kung Fu Panda

UNIT
27 아이들을 찾아주세요||

scene 1 알고 싶은 내용을 물을 때 쓰는 표현 'Can you tell me about~?'
scene 2 착용 상태를 나타내는 표현 'wearing'
scene 3 희망 사항을 말할 때 쓰는 표현 'I hope~'

▶ TODAY'S DIALOGUE

Scene 1

Ms. Chunk: I lost my kids.
Please help me.

Clerk: Sure. First, calm down. **Can you tell me about your kids?** What do they look like?

Scene 2

Ms. Chunk: I have a son, Chunky and a daughter, Sis Chunk.
Chunky is wearing overalls, and Sis Chunk is wearing a skirt.

Scene 3

Ms. Chunk: I am really anxious about their safety. **I hope I can find my kids.**

아이들을 찾아야 해!

알고 싶은 내용을 물을 때 쓰는 표현 'Can you tell me about~?'에 대해서 배워봅시다.

▶CHECK IT! 그림을 보고 알맞은 답을 골라봅시다.

Q. What does Clerk want to say?

☐ Can you tell me about your kids?

☐ Can you tell me about your car?

☐ Can you tell me about your puppy?

▶SCENE SCRIPT

Ms. Chunk: I lost / my kids. / Please / help me.

저는 잃어버렸어요. / 제 아이들을 / 제발 / 도와주세요.

Clerk: Sure: First, / calm down. / Can you tell me / about your kids?

먼저, / 진정하세요. / 말해줄 수 있나요? / 당신의 아이들에 대해서

What do they look like?

그들은 어떻게 생겼나요?

▶STUDY & SPEAK IT! 발음을 익히고 표현을 말해봅시다.

Can you tell me about your kids? ↻

▷형태: 'Can you tell me about + 명사'

▷해석: ~대해 말해줄 수 있겠니?

▷의미: 사물이나 사람 등에 대해 말해달라고 요청하는 표현

Tip ※ 이렇게 읽어 봐요!

1. 지휘를 하듯이 읽기

2. 어깨를 으쓱, 머리를 위아래로 강세 따라 읽기

'Can you tell me about ~?'는 '~에 대해 말씀해 주시겠습니까?' 라는 표현이에요.
Can you tell me about 또는 Please tell me about 뒤에 알고 싶은 내용을 붙여 주면 됩니다.
tell 발음할 때 마지막에 혀가 윗니에 붙도록 발음해 주세요.
빨간색 부분을 강하게 읽으면 됩니다.

1. 저에게 말씀해 주시겠습니까? / (무엇에 대해서) 당신의 강아지에 대해서

   Can you tell me / about your puppy? ↻

2. 저에게 말씀해 주시겠습니까? / (무엇에 대해서) 당신의 차에 대해서

   Can you tell me / about your car? ↻

3. 저에게 말씀해 주시겠습니까? / (무엇에 대해서) 당신의 아이들에 대해서

   Can you tell me / about your kids? ↻

이렇게 입고 있어요!

착용 상태를 나타내는 표현 'wearing'에 대해서 배워봅시다.

▶CHECK IT! 그림을 보고 알맞은 답을 골라봅시다.

Q. What does Ms. Chunk want to say?
- ☐ Chunky is wearing overalls,
  and Sis Chunk is wearing a skirt.
- ☐ Chunky is wearing glasses,
  and Sis Chunk is wearing a cap.
- ☐ Chunky is wearing a watch,
  and Sis Chunk is wearing a ring.

▶SCENE SCRIPT

Ms. Chunk: I have a son, / Chunky / and a daughter, / Sis Chunk.
저는 아들이 있어요. / 청키라는 / 그리고 딸 / 시스 청크가 있어요.

Chunky is wearing overalls, / and Sis Chunk is wearing a skirt.
청키는 멜빵바지를 입고 있고, / 그리고 누나 청크는 치마를 입고 있어요.

▶STUDY & SPEAK IT! 발음을 익히고 표현을 말해봅시다.

Chunky is **wea**ring over**a**lls,
and Sis Chunk is **wea**ring a s**ki**rt.⌒

▷형태: be동사 + wearing + 의류 등 착용할 수 있는 물건
▷해석: ~를 입고(착용하고) 있다.
▷의미: 몸에 걸치거나 입고 있는 것을 말할 때 쓰는 표현

TIP ※ 이렇게 읽어 봐요!
1. 글에 선을 그리면서 읽기 ☐☐☐☐
2. 강세부분에 박수를 치며 읽기 ☐☐☐☐

wearing은 착용 상태를 나타냅니다. 옷 뿐 아니라 안경, 신발 등 몸에 걸치거나 입고 있는 것을
표현할 때 쓰는 표현입니다. 입고 있는 동작이 진행 중일 때는 be putting on ~을 씁니다.
and는 두 단어나 문장을 연결해 주는 접속사입니다.
wearing에서 'w'를 발음할 때는 입술을 잔뜩 오므린 후에 펴면서 [우웨어링]으로 발음 합니다.
overalls에서 'o'는 [오우]로 발음합니다. 'skirt'에서 'sk'발음은 [스껄트]처럼 'k'를 된소리로 발음합니다.

1. Chunky는 입고 있습니다./(무엇을) 멜빵바지를/그리고 누나 Chunk는 입고 있습니다./(무엇을) 치마를
   Chunky is wearing / overalls, / and Sis Chunk is wearing / a skirt.⌒
2. Chunky는 쓰고 있습니다./ (무엇을) 안경을 / 그리고 누나 Chunk는 쓰고 있습니다. / (무엇을) 모자를
   Chunky is wearing / glasses, / and Sis Chunk is wearing / a cap.⌒
3. Chunky는 끼고 있습니다. /(무엇을) 손목시계를/그리고 누나 Chunk는 끼고 있습니다 ./ (무엇을) 반지를
   Chunky is wearing/a watch, /and Sis Chunk is wearing / a ring.⌒

SCENE 3

간절히 바라고 있어요.

희망 사항을 말할 때 쓰는 표현 'I hope~'에 대해서 배워봅시다.

▶CHECK IT! 그림을 보고 알맞은 답을 골라봅시다.

Q. What does Ms. Chunk say to the clerk?

☐ I hope I can buy a new wallet.

☐ I hope I can find my kids.

☐ I hope I can see a superhero.

▶SCENE SCRIPT

Ms. Chunk: I am really anxious / about their safety. /

저는 정말로 걱정이 되어요./ 그들의 안전에 대해서 /

I hope / I can find my kids.

저는 바래요. / 아이들을 찾을 수 있기를

▶STUDY & SPEAK IT! 발음을 익히고 표현을 말해봅시다.

I hOpe I can find my kids.↷

▷형태: I hope (that) + 주어 + 동사.

▷해석: ~를 바란다.

▷의미: 자신이 희망하는 바를 말함

TIP ※ 이렇게 읽어 봐요!

1. 빨간색 부분 강하게 읽기 ☐☐☐☐

2. 손을 사용해 악보 그리듯 읽기 ☐☐☐☐☐

I hope라는 표현은 여러분이 실제로 일어나기를 바라는 것을 나타날 때 사용하는 표현이에요.
I hope 다음에는 절(주어+동사)을 이끄는 접속사 that이 생략된 것이랍니다.
가정하거나 실제로 일어날 수 없는 일을 말할 때는 I hope를 대신에 'I wish'를 씁니다.
hope에서 'o'는 [오우]로 발음합니다. 빨간색 단어 외의 단어들은 살얼음을 밟고 지나가듯이
빠르고 가볍게 지나쳐 읽으면 됩니다.

1. 나는 바랍니다. / (무엇을) 내가 나의 지갑을 찾을 수 있기를
   I hOpe / I can find my Purse.↷

2. 나는 바랍니다. / (무엇을) 내가 나의 아이들을 찾을 수 있기를
   I hOpe / I can find my kids.↷

3. 나는 바랍니다. / (무엇을) 내가 수퍼히어로를 볼 수 있기를
   I hOpe / I can see superhero.↷

아이들을 찾아 주세요.

지금까지 배운 내용을 참고하여 문제를 풀어봅시다.

▶PRACTICE IT!

1. 문장의 해석과 주어진 단어를 활용해 빈칸을 채워보세요.(필요 시, 단어의 형태를 바꾸세요.)

   * 정답은 2번 문항에 있지만 보지 말고 혼자 힘으로 먼저 해보세요.

   (1) 당신 자신에 대해 말해주시겠어요? (yourself: 너 자신)

   Can you _____ me about _____?

   (2) 당신의 마지막 여행에 대해 말해주시겠어요? (trip: 여행)

   Can you tell _____ about your last _____?

   (3) 나는 마스크를 쓰고 있고 내 친구는 안경을 쓰고 있다. (wear: 입다)

   I am _____ a mask, and my friend is _____ glasses.

   (4) 그 남자는 반지를 끼고 있고, 나는 모자를 쓰고 있다. (be: ~이다, ~있다, ~되다)

   The man _____ wearing a ring, and I _____ wearing a cap.

   (5) 나는 내가 너를 미소 짓게 해준다면 좋겠어. (hope: 희망하다)

   I _____ I could make you _____.

   (6) 나는 그녀가 즐거운 시간을 가지면 좋겠어. (have: 가지다)

   I hope she _____ a good _____.

2. 빨간색 글씨에 강세를 두어 문장을 자연스럽게 읽어봅시다. 한 번씩 읽을 때마다 옆에 있는 네
   모 박스에 체크(√) 표시를 해보세요. 총 5번씩 읽어보세요.

   (1) Can you **tell** me / about your**self**?↻

   (2) Can you **tell** me / about your **last trip**?↻

   (3) I am **wea**ring / a **ma**sk, / and my **frie**nd is **wea**ring / **gla**sses.↷

   (4) The **ma**n is **wea**ring / a **ring**, / and I am **wea**ring / a **cap**.↷

   (5) I **ho**pe / I could **ma**ke you s**mile**.↷

   (6) I **ho**pe / she has a **goo**d **time**.↷

▶TRY IT! Do it yourself.

I. 각 그림과 그에 어울리는 표현을 연결하세요.

❶   Ⓐ   I hope I can find my kids. ⌒

❷   Ⓑ   Can you tell me about your kids? ⌣

❸   Ⓒ   Chunky is wearing overalls, and Sis Chunk is wearing a skirt. ⌒

2. 그림과 의미를 보고, 빈칸에 알맞은 영어 표현을 써본 뒤 말해보세요.

① 말해주시겠습니까?   아이들에 대해서

② 청키는 입고 있어요.   멜빵바지를

③ 나는 바랍니다.   아이들을 찾을 수 있기를

One must live the way one thinks or end
up thinking the way one lived.
(Paul Bourget)
생각하는 대로 살지 않으면 사는 대로 생각하게 된다.
(폴 부르제)

28 당신을 위해 할 수 있는 일이?

scene 1 허락을 구할 때 쓰는 표현 'May I~?'
scene 2 상대방의 요구를 파악할 때 쓰는 표현 'Do you want to~?'
scene 3 상대방의 능력을 물을 때 쓰는 표현 'Can you~?'

▶ TODAY'S DIALOGUE

Scene 1

Clerk: Good afternoon, guys.
May I help you?

Chunky, Sis Chunk: What do you have?

Scene 2

Clerk: We have some burgers and pizza.
**Do you want to buy a
hamburger?**

Chunky: That's really huge. It looks
delicious.

Scene 3

Sis chunk: That seems too big to eat.
Can you eat pizza fast?

무엇을 도와 드릴까요?

허락을 구할 때 쓰는 표현 'May I~?'에 대해서 배워봅시다.

▶CHECK IT!

그림을 보고 알맞은 답을 골라봅시다.

Q. What does the clerk want to say?

☐ May I go out?

☐ May I help you?

☐ May I borrow your pencil?

▶SCENE SCRIPT

Clerk: Good afternoon, / guys. / **May I / help you?**

　　　 안녕, 　　　 / 얘들아. / ~해도 될까요? / 당신을 도와주는 것을

Chunky, Sis Chunk: What do you have?

　　　　　　　　　 무엇이 있나요?

▶STUDY & SPEAK IT! 발음을 익히고 표현을 말해봅시다.

May I help you?↺

▷형태: 'May I + 동사원형?'

▷해석: ~해도 될까요?

▷의미: 허락을 구할 때 쓰는 표현

여러분이 상점에 가면 점원으로부터 들을 수 있는 표현이에요. '무엇을 도와드릴까요?'
라는 표현이랍니다. 'May I~?'는 정중하게 '~해도 될까요?'하고 묻는 표현이에요.
May와 I를 각각 발음하지 말고 이어서 [메아이]로 발음합니다.
help가 가장 핵심어이므로 가장 크고 강하게 발음합니다.

1. 내가 ~해도 될까요? / (무엇을) 너를 도와주는 것을

　　May I / help you?↺

2. 내가 해도 될까요? / (무엇을) 너의 연필을 빌리는 것을

　　May I / borrow your pencil?↺

3. 내가 해도 될까요? / (무엇을) 밖에 나가는 것을

　　May I / go out?↺

TIP ※ 이렇게 읽어 봐요!

1. 지휘를 하듯이 읽기 ☐☐☐☐

2. 어깨를 으쓱, 머리를 위아래로 강세
따라 읽기 ☐☐☐☐

무엇을 원해요?

상대방의 요구를 파악할 때 쓰는 표현 'Do you want to~?'에 대해서 배워봅시다.

▶CHECK IT! 그림을 보고 알맞은 답을 골라봅시다.

Q: What does the clerk say to the children?

☐ Do you want to buy a hamburger?

☐ Do you want to play the piano?

☐ Do you want to read a comic book?

▶SCENE SCRIPT

Clerk: We have / some burgers and pizza.

　　　우리는 있어요. / 　햄버거와 피자가

　　　Do you want / to buy a hamburger?

　　　원하나요? / 햄버거 사기를

Chunky: That's really huge. / It looks / delicious.

　　　정말 크군요! 　　　/ 보여요. / 　맛있게

▶STUDY & SPEAK IT! 발음을 익히고 표현을 말해봅시다.

Do you **want** to buy a **ham**burger?↵

▷형태: Do you want to + 동사원형 + 명사
▷해석: ~하는 것을 원하니?
▷의미: 상대방의 요구를 파악할 때 쓰는 표현

Do you want to 다음에 하고자 하는 것을 동사원형과 함께 제시하며 물을 수 있습니다.
Would you like to와 같은 뜻입니다. Do you를 각각 읽지 말고 한 번에 [듀]로 발음합니다.
여기서 want to는 [원트 투]라고 끊어서 발음해도 되고, 't'를 한 번만 발음해서 [원 투] 또는 더
빠르게 발음한다면 [워너]로 발음해요.

1. 당신은 원하나요? / *(무엇을)* 햄버거를 사는 것을
   Do you **want** / to buy a **ham**burger?↵

2. 당신은 원하나요? / *(무엇을)* 피아노를 연주하는 것을
   Do you **want** / to play the **piano**?↵

3. 당신은 원하나요? / *(무엇을)* 만화책 읽는 것을
   Do you **want** / to read a **comic** book?↵

Tip ※ 이렇게 읽어 봐요!
1. 글에 선을 그리면서 읽기 ☐☐☐☐
2. 강세부분에 박수를 치며 읽기 ☐☐☐☐

SCENE
3

너 먹을 수 있겠어?

상대방의 능력을 물을 때 쓰는 표현 'Can you~?' 에 대해서 배워봅시다.

▶CHECK IT! 그림을 보고 알맞은 답을 골라봅시다.

Q: What does Chunk want to say to sis Chunk?

☐ Can you eat pizza fast?

☐ Can you ride a bike?

☐ Can you speak Chinese?

▶SCENE SCRIPT

Sis chunk: That seems / too big / to eat. /
           보여요. / 너무 커 / 먹기에 /
           Can you / eat pizza fast?
           당신은 ~할 수 있나요? / 피자 빨리 먹기를

▶STUDY & SPEAK IT! 발음을 익히고 표현을 말해봅시다.

Can you eat pizza fast?↺

▷형태: Can you + 동사원형 ~?
▷해석: 당신은 ~할 수 있나요?
▷의미: 능력이나 가능성을 물음

'can'은 능력이나 가능성을 물을 때 쓰는 조동사예요. 조동사 다음에 동사를 쓸 때는 꼭 동사의 원형으로 써야 해요.
eat를 발음할 때는 [이-트]로 '이'를 길게 발음해 줍니다. 짧게 하면 'it'의 발음이 됩니다.
pizza는 '피자'는 아닌 [핏싸]와 비슷하게 발음해 주세요.

I. 너는 할 수 있니? / (무엇을) 피자 빨리 먹기를
   Can you / eat pizza fast?↺

2. 너는 할 수 있니? / (무엇을) 자전거를 타는 것을
   Can you / ride a bike?↺

3. 너는 할 수 있니? / (무엇을) 중국어로 말하는 것을
   Can you / speak Chinese?↺

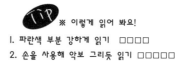

TIP ※ 이렇게 읽어 봐요!
1. 파란색 부분 강하게 읽기 ☐☐☐☐
2. 손을 사용해 악보 그리듯 읽기 ☐☐☐☐☐

당신을 위해 할 수 있는 일이?

지금까지 배운 내용을 참고하여 문제를 풀어봅시다.

▶PRACTICE IT!

1. 문장의 해석에 맞게 주어진 단어를 사용하여 빈칸을 채워보세요. (필요 시, 단어의 형태를 바꾸세요.)

   * 정답은 2번 문항에 있지만 보지 말고 혼자 힘으로 먼저 해보세요.

   (1) 질문 하나 해도 될까요? (ask: 묻다)

      May I _____ you a _____?

   (2) (식탁에서 일어나거나 방을 나갈 때)실례해도 되겠습니까?(excuse: 변명, 실례하다)

      May I be _____?

   (3) 눈사람을 만들고 싶나요? (build: 만들어내다, 짓다)

      Do you want to _____ a _____?

   (4) 비밀을 알고 싶으신가요? (secret: 비밀)

      Do you _____ to know a _____?

   (5) 하나만 좀 도와주실 수 있나요? (favor: 호의)

      Can you _____ me a _____?

   (6) 저를 위해 이거 인쇄해주실 수 있나요? (print: 인쇄하다)

      Can you _____ this out for _____?

2. 빨간색 글씨에 강세를 두어 문장을 자연스럽게 읽어봅시다. 한 번씩 읽을 때마다 옆에 있는 네모 박스에 체크(√) 표시를 해보세요. 총 5번씩 읽어보세요.

   (1) May I / ask you a question?↷

   (2) May I / be excused?↷

   (3) Do you want / to build a snowman?↷

   (4) Do you want / to know a secret?↷

   (5) Can you / do me a favor?↷

   (6) Can you / print this out for me?↷

▶TRY IT! Do it yourself.

1. 각 그림과 그에 어울리는 표현을 연결하세요.

❶

Ⓐ May I **hel**p you?↶

❷

Ⓑ Can you **eat pizza fa**st?↶

❸

Ⓒ Do you **want** to buy a **ham**burger?↶

2. 그림과 의미를 보고, 빈칸에 알맞은 영어 표현을 써본 뒤 말해보세요.

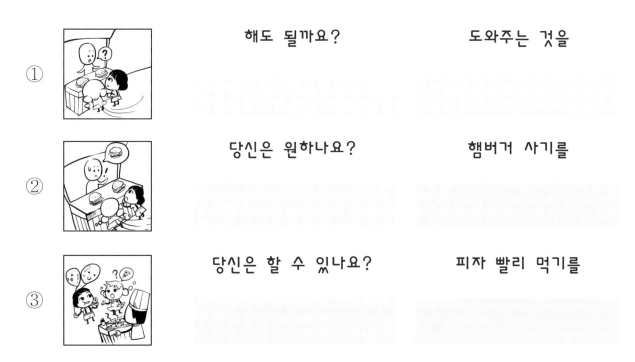

① 해도 될까요?   도와주는 것을

② 당신은 원하나요?   햄버거 사기를

③ 당신은 할 수 있나요?   피자 빨리 먹기를

Waiting to be someone else is a
waste of the person who you are.
다른 사람이 되고자 하는 것은 너 자신을 낭비하는 것이다.
- Kurt Cobain

UNIT

29 Mr. Gang과 Mr. Evil이 만난 날

scene 1 잘하는 것을 말할 때 쓰는 표현 'be good at~'
scene 2 전혀 모르겠다는 말을 강조할 때 쓰는 표현 'I have no idea~'
scene 3 이유를 설명할 때 쓰는 표현 'It's because~'

▶ TODAY'S DIALOGUE

Scene 1

Chunky : **I'm very good at eating pizza fast.** I can eat the pizza in 10 seconds.

Clerk : What on earth are they talking about?

Scene 2

Mr. Gang : So, you escaped from the police station? **I have no idea how you were released.**

Mr. Evil : I guess it was not the time for me to be in a cell.
I was lucky.

Scene 3

Mr. Evil : Actually, I broke the handcuffs. **It's because I'm smart and strong.**

나 잘 먹을 수 있어.

잘하는 것을 말할 때 쓰는 표현 'be good at~'에 대해서 배워봅시다.

▶CHECK IT!

그림을 보고 알맞은 답을 골라봅시다.

Q. What does Sis Chunk want to say?

□ I'm very good at eating pizza fast.

□ I'm very good at drawing pictures.

□ I'm good at making a snowman.

▶SCENE SCRIPT

Chunky: **I'm very good at / eating pizza fast.**

나는 정말 잘해. / 피자 빨리 먹기를

I can eat the pizza / in 10 seconds.

나는 피자를 먹을 수 있어. / 10초 안에

Clerk: What on earth / are they talking about?

도대체 / 무슨 이야기를 하는 거야?

▶ STUDY & SPEAK IT! 발음을 익히고 표현을 말해봅시다.

I'm good at eating pizza fast. ↷

▷형태: 'be good at + 명사/동명사'
▷해석: ~을 잘하다.
▷의미: 재능이나 강점 등을 말할 때 쓰는 표현

'be good at + 명사/동명사'는 재능이나 강점 등을 말할 때 쓰는 표현입니다.
전치사 at 다음에는 명사나 동명사가 옵니다.
good at을 연결해서 [그랫]으로 발음해 보세요.
I'm good at 은 무엇을 잘한다고 할 때 사용하는 표현이에요.
I'm good at math. 나는 수학을 잘 한다.

1. 나는 잘해. / (무엇을) 피자를 먹는 것을/ (어떻게) 빨리
   I'm good at / eating pizza / fast. ↷

2. 나는 잘해. / (무엇을) 그림 그리는 것을
   I'm good at / drawing pictures. ↷

3. 나는 잘해. / (무엇을) 눈사람 만드는 것을
   I'm good at / making a snowman. ↷

TIP ※ 이렇게 읽어 봐요!
1. 지휘를 하듯이 읽기
2. 어깨를 으쓱, 머리를 위아래로 강세 따라 읽기

SCENE 2

나도 모르겠어.

전혀 모르겠다는 말을 강조할 때 쓰는 표현 'I have no idea~'에
대해서 배워봅시다.

▶CHECK IT! 그림을 보고 알맞은 답을 골라봅시다.

Q: What does Mr. Evil say to Mr. Gang?

☐ I have no idea how you were released.

☐ I have no idea how you lost your weight.

☐ I have no idea how I met Chunky.

▶SCENE SCRIPT

Mr. Gang: So, you escaped from / the police station?

그래서, 너는 도망쳤구나? / 경찰서에서

I have no idea / how you were released.

나는 정말 모르겠어. / 네가 어떻게 풀려났는지

Mr. Evil: I guess / it was not the time / for me / to be in a cell. / I was lucky.

아마도 / 때가 아니었어. / 내가 / 감옥에 가는 / 나는 운이 좋았지.

▶STUDY & SPEAK IT! 발음을 익히고 표현을 말해봅시다.

I have no idea.⌒

▷형태: I have no idea~

▷해석: ~에 대해 전혀 모르겠다.

▷의미: 전혀 아는 바가 없음을 강조하는 표현

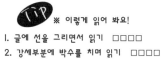
TIP ※ 이렇게 읽어 봐요!
1. 글에 선을 그리면서 읽기 ☐☐☐☐
2. 강세부분에 박수를 치며 읽기 ☐☐☐☐

'I have no idea.'는 'I don't know.'와 같이 어떤 것을 모를 때, 까닭을 알 수 없을 때 사용하는표현이에요.
모른다는 표현을 할 때 'I don't know.'를 쓰기도 하지만 'I have no idea.'를 쓰면 모른다는 것을 좀 더
강조한 표현입니다. 'I have no'에서 have를 발음할 때는 [아이브노]처럼 약하게 '브'정도로만 발음합니다.
두 손을 양쪽으로 벌려 하늘을 향하게 하고 양 어깨를 위로 끌어올리면서 말하면 더 실감이 날 것입니다.

1. 나는 전혀 모르겠어. / (무엇을) 네가 어떻게 석방되었는지를

I have no idea / how you were released.⌒

2. 나는 전혀 모르겠어. / (무엇을) 내가 어떻게 살이 빠졌는지를

I have no idea / how you lost your weight.⌒

3. 나는 전혀 모르겠어. / (무엇을) 내가 어떻게 Chunky를 만났는지를

I have no idea / how I met Chunky.⌒

SCENE 3 그건 말이지!

이유를 설명할 때 쓰는 표현 'It's because~'에 대해서 배워봅시다.

▶CHECK IT! 그림을 보고 알맞은 답을 골라봅시다.

Q: How does Mr. Evil reply?

☐ It's because I'm smart.

☐ It's because I'm out of luck.

☐ It's because I'm beautiful.

▶SCENE SCRIPT

Mr. Evil: Actually, I broke the handcuffs.

사실은, 내가 수갑을 부쉈어.

It's because / I'm smart / and strong.

왜냐하면 / 내가 영리하고 / 힘이 세기 때문이야.

▶ STUDY & SPEAK IT! 발음을 익히고 표현을 말해봅시다.

It's beCAUse I'm smArt and strOng. ⌒
▷형태: It's because + 주어 + 동사
▷해석: 그것은 ~하기 때문이다.
▷의미: 이유를 설명할 때 쓰는 표현

'It's because~.'는 '그것은 ~하기 때문이다.'라는 뜻을 가집니다.
because 뒤에 나온 말이 이유를 설명하는 부분이 됩니다.
because는 2음절에 강세가 있으므로 'be'음이 들리지 않고 'cause'부분만 들려도
의사소통이 됩니다.

I. 그것은 때문이야.   / (무엇 때문에) 내가 똑똑하기
  It's beCAUse / I'm smArt.⌒
2. 그것은 때문이야.   / (무엇 때문에) 내가 운이 없기
  It's beCAUse / I'm out of luck.⌒
3. 그것은 때문이야.   / (무엇 때문에) 내가 아름답기
  It's beCAUse / I'm beAutiful.⌒

Mr. Gang과 Mr. Evil이 만난 날

지금까지 배운 내용을 참고하여 문제를 풀어봅시다.

▶PRACTICE IT!

1. 문장의 해석과 주어진 단어를 활용해 빈칸을 채워보세요. (필요 시, 단어의 형태를 바꾸세요.)

   * 정답은 2번 문항에 있지만 보지 말고 혼자 힘으로 먼저 해보세요.

   (1) 나는 요리를 잘 해요. (cook: 요리하다)

   I'm _____ at _____.

   (2) 그는 피아노를 잘 칩니다. (play: 연주하다, 놀다)

   He _____ good at _____ the piano.

   (3) 나는 이 씽크대를 어떻게 고치는지 전혀 알 수가 없다. (fix: 수리하다)

   I have no idea _____ to _____ this sink.

   (4) 그는 당신이 무엇에 대해 말하고 있는지 도무지 모른다. (talk: 말하다)

   He _____ no idea what you're _____ about.

   (5) 그건 네가 너무 많이 생각해서 그런거야. (think: 생각하다)

   It's _____ you _____ too much.

   (6) 그건 그것이 불법이기 때문이야. (illegal: 불법의)

   It's _____ it's _____.

2. 빨간색 글씨에 강세를 두어 문장을 자연스럽게 읽어봅시다. 한 번씩 읽을 때마다 옆에 있는 네
   모 박스에 체크(√) 표시를 해보세요. 총 5번씩 읽어보세요.

   (1) I'm good at / cooking. ↷

   (2) He is good at / playing the piano. ↷

   (3) I have no idea / how to fix this sink. ↷

   (4) He has no idea / what you're talking about. ↷

   (5) It's because / you think too much. ↷

   (6) It's because / it's illegal. ↷

▶TRY IT! Do it yourself.

1. 각 그림과 그에 어울리는 표현을 연결하세요.

❶

Ⓐ I'm good at eating pizza fast. ↷

❷

Ⓑ I have no idea how you were released. ↷

❸

Ⓒ It's because I'm smart and strong. ↷

2. 그림과 의미를 보고, 빈칸에 알맞은 영어 표현을 써본 뒤 말해보세요.

① 나는 잘해.   피자 빨리 먹기를

② 정말 모르겠어.   네가 어떻게 풀려났는지

③ 그것은 ~때문이야.   내가 똑똑하고 힘이 세기

What we dwell on is who we become.
네 머릿속에 있는 생각이 네 미래이다.
- Oprah Winfrey

UNIT

30 도대체 왜 잡힌거야?

scene 1 상대에게 어떤 일에 대한 생각을 물을 때 쓰는 표현 'Why do you think~?'
scene 2 확신 여부를 물을 때 쓰는 표현 'Are you sure~?'
scene 3 궁금할 때 쓰는 표현 'I wonder whether ~ or not.'

▶ TODAY'S DIALOGUE

Scene 1

Mr. Gang : Then, **why do you think you were caught by a police officer?**

Mr. Evil : I tried to steal a wallet in the bus. I failed because of a little boy.

Scene 2

Mr. Gang: You were caught because of a little boy? **Are you sure you are smart?**

Mr. Evil: Of course, I am. I haven't failed to steal something in my life.

Scene 3

Chunky : Look over there, Sis Chunk. Two men are talking to each other over there. **I wonder whether he is the thief or not.**

SCENE 1 왜 잡힌거지?

상대에게 어떤 일에 대한 생각을 물을 때 쓰는 'Why do you think~?'에 대해서 배워봅시다.

▶CHECK IT! 그림을 보고 알맞은 답을 골라봅시다.

Q. What does Mr. Evil want to say?
- ☐ Why do you think you passed the exam?
- ☐ Why do you think you won the lottery?
- ☐ Why do you think you were caught
  by a police officer?

▶SCENE SCRIPT

Mr. Gang : Then, / why do you think / you were caught / by a police officer?
그렇다면, / 넌 왜 그렇다고 생각하니? / 네가 체포된 것을 / 경찰에게

Mr. Evil : I tried / to steal a wallet / in the bus. / I failed / because of a little boy.
나는 시도했어. / 지갑을 훔치는 것을 / 버스에서 / 나는 실패했지. / 작은 남자아이 때문에

▶ STUDY & SPEAK IT! 발음을 익히고 표현을 말해봅시다.

Why do you think you were caught by a police officer?
▷형태: 'Why do you think + 주어 + 동사?'
▷해석: 왜 ~라고 생각해?
▷의미: 상대에게 어떤 일에 대한 생각을 물음

상대에게 어떤 일에 대한 생각을 물을 때 쓰는 'Why do you think~?'를 사용하여 말할 수 있습니다. 뒤에는 주어와 동사를 갖춘 절이 옵니다.
th발음은 윗니와 아랫니 사이에 혀를 넣고 깨물 듯이 입 안쪽으로 빼면서 발음합니다.
성대를 울리며 발음하는 유성음, 성대가 울리지 않는 무성음이 있는데 think에서의 th발음은 무성음으로 발음하여 [씨잉크]로 소리냅니다.
caught by a는 [컷바이에]로 발음합니다.

1. 너는 왜 그렇게 생각하니? / (무엇을) 네가 체포된 것을 / (누구에게) 경찰에게
   Why do you think / you were caught / by a police officer?
2. 너는 왜 그렇다고 생각하니? / (무엇을) 로또에 당첨된 것을
   Why do you think / you won the lottery?
3. 너는 왜 그렇다고 생각하니? / (무엇을) 네가 시험에 합격한 것을
   Why do you think / you passed the exam?

SCENE 2 확신하니?

확신 여부를 물을 때 쓰는 표현 'Are you sure~?'에 대해서 배워봅시다.

▶CHECK IT! 그림을 보고 알맞은 답을 골라봅시다.

Q: What does Mr. Evil say to Mr. Gang?

□ Are you sure you are funny?

□ Are you sure you are smart?

□ Are you sure you are out of luck?

▶SCENE SCRIPT

Mr. Gang: You were caught / because of a little boy?

네가 잡혔다고 / 작은 남자 아이 때문에?

Are you sure / you are smart?

너는 확신하니? / 네가 똑똑하다고?

Mr. Evil: Of course, I am.

물론이지, 나는 그래.

I haven't failed / to steal something / in my life.

나는 실패한 적이 없어. / 무언가를 훔치는 것을 / 내 인생에서

▶ STUDY & SPEAK IT! 발음을 익히고 표현을 말해봅시다.

Are you sure you are smart? ↻

▷형태: Are you sure + 주어 + 동사
▷해석: 너 ~가 확실해?
▷의미: 확신 여부를 물을 때 쓸 수 있는 표현

Are you sure ~?'는 상대에게 어떤 일에 대해 확신하는지를 묻는 표현입니다.
일상생활에서 '정말?' 하고 물을 때 [알 유 슈어리]이라 하고 [r]발음을 정확하게 하려고 노력해 보세요.

1. 너는 확신하니? / (무엇을) 네가 똑똑하다는 것을
   Are you sure / you are smart? ↻

2. 너는 확신하니? / (무엇을) 네가 운이 없다는 것을
   Are you sure / you are out of luck? ↻

3. 너는 확신하니? / (무엇을) 네가 운이 좋다는 것을
   Are you sure / you are lucky? ↻

 ※ 이렇게 읽어 봐요!

1. 글에 선을 그리면서 읽기 ▢▢▢▢
2. 강세부분에 박수를 치며 읽기 ▢▢▢▢

SCENE 3

저 사람 아까 경찰서에서 본…?

궁금할 때 쓰는 표현 'I wonder whether ~ or not.'에 대해서 배워봅시다.

▶CHECK IT! 그림을 보고 알맞은 답을 골라봅시다.

Q: What does Chunky want to say to Sis Chunk?

☐ I wonder whether he is the thief or not.

☐ I wonder whether he is my teacher or not.

☐ I wonder whether he is my friend or not.

▶SCENE SCRIPT

Chunky: Look over there, / Sis Chunk. / Two men are talking /
to each other / over there.

저기 봐, / 누나. / 두 남자가 이야기하는 / 서로 / 저기에서

I wonder / whether he is the thief or not.

나는 궁금해. / 그가 그 도둑인지 아닌지

▶ STUDY & SPEAK IT! 발음을 익히고 표현을 말해봅시다.

I **won**der whether he is the **thief** or **not**.⌒

▷형태: 'I wonder whether ~ or not.'
▷해석: ~인지 아닌지 궁금하다. ▷의미: 궁금한 사항을 물음

'I wonder'는 궁금한 사항을 물을 때 쓰는 표현입니다. 이 문장에서 whether는 뒤에
오는 or not 과 함께 '~인지 아닌지'라는 뜻으로 쓰인답니다. whether 대신 if를 쓸
수 있으며 뒤에 or not이 있을 때 whether을 선호합니다.
whether(웨더)에서의 'ther(더)' 발음은 wonder(원더)에서와는 달리 윗니와 아랫니
사이로 혀를 내밀어 살짝 깨물었다가 빼듯이 발음해 줍니다. thief에서의 th발음도 같은
방법으로 하지만 성대가 울리지 않는 무성음으로 발음하여 [씨이프]로 소리를 냅니다.

1. 나는 궁금해. / (무엇이) 그가 도둑인지 / 아닌지를
   I **won**der / **whether** he is the **thief** / or **not**.⌒
2. 나는 궁금해. / (무엇이) 그가 나의 친구인지 / 아닌지를
   I **won**der / **whether** he is my **friend** / or **not**.⌒
3. 나는 궁금해. / (무엇이) 그가 나의 선생님인지 / 아닌지를
   I **won**der / **whether** he is my **teacher** / or **not**.⌒

도대체 왜 잡힌거야?

지금까지 배운 내용을 참고하여 문제를 풀어봅시다.

▶PRACTICE IT!

I. 문장의 해석과 주어진 단어를 활용해 빈칸을 채워보세요.(필요 시, 단어의 형태를 바꾸세요.)

정답은 2번 문항에 있지만 보지 말고 혼자 힘으로 먼저 해보세요.

(1) 너는 그가 왜 학교에 늦었다고 생각하니? (late: 늦은)

Why do you _____ he was _____ for school?

(2) 너는 왜 그렇게 많은 사람들이 서울로 이사간다고 생각하니? (move: 움직이다, 이사하다)

Why do you _____ so many people _____ to Seoul?

(3) 그녀에게 남자친구가 있다는 거 확실해? (have: 가지다)

Are you _____ she _____ a boyfriend?

(4) 너 가스 불 끈 거 확실해? (turn off : 끄다)

Are you _____ you _____ off the gas?

(5) 나는 그녀가 그 케익을 먹었는지 안먹었는지 궁금하다. (eat: 먹다)

I _____ whether she _____ the cake or not.

(6) 코트를 입어야 할지 말아야 할지 궁금하다. (whether: ~인지 아닌지)

I wonder _____ I should _____ a coat or not.

2. 빨간색 글씨에 강세를 두어 문장을 자연스럽게 읽어봅시다. 한 번씩 읽을 때마다 옆에 있는 네
모 박스에 체크(√) 표시를 해보세요. 총 5번씩 읽어보세요.

(1) Why do you think / he was late for school?⌒

(2) Why do you think / so many people move to Seoul?⌒

(3) Are you sure / she has a boyfriend?⌣

(4) Are you sure / you turned off the gas?⌣

(5) I wonder / whether she ate the cake / or not.⌒

(6) I wonder / whether I should wear a coat / or not.⌒

▶TRY IT! Do it yourself.

I. 각 그림과 그에 어울리는 표현을 연결하세요.

 ❶

Ⓐ
I wonder whether he is the thief or not.↷

 ❷

Ⓑ
Why do you think you were caught by a police officer?↷

 ❸

Ⓒ
Are you sure you are smart and strong?↶

2. 그림과 의미를 보고, 빈칸에 알맞은 영어 표현을 써본 뒤 말해보세요.

 ①

너는 왜 그렇다고 생각하니?   경찰에게 체포된 것을

 ②

너는 확신하니?   네가 똑똑하고 힘이 세다는 것을

 ③

나는 궁금해.   그가 그 도둑인지 아닌지

Success is never permanent, and
failure is never final.
성공은 절대로 영원하지 않고 실패했다고
끝나는 것이 아니다.
- Mike Ditka

〈정답지〉

Unit 1. 청크 가족 이사 오는 날!

Review

▶PRACTICE IT!

(1) How, grandparents   (2) How, sisters   (3) like, introduce, boyfriend
(4) like, introduce, cousin   (5) What, parents, living (6) What, brother, living

▶TRY IT!

1. ❶-ⓒ ❷-ⓑ ❸-ⓐ

2. ① I'd like / to introduce myself. ② How are you doing? / Are you OK?
   ③ What do you do / for a living?

Unit 2. Mr. Chunk가 제일 잘 나가!

Review

▶PRACTICE IT!

(1) used to hang out   (2) used to read   (3) Thank you, your advice
(4) inviting   (5) Would you accept, chance (6) my ideas

▶TRY IT!

1. ❶-ⓑ ❷-ⓐ ❸-ⓒ

2. ① I used to / save people.   ② Thank you / for your kindness.
   ③ Would you accept / my proposal?

Unit 3. 가족의 탄생!

Review

▶PRACTICE IT!

(1) born in   (2) born in   (3) because, spacious
(4) because, noisy (5) delighted, camping (6) delighted, friend

▶TRY IT!

1. ❶-ⓐ ❷-ⓒ ❸-ⓑ

2. ① I am delighted / to invite you.   ② It's because / this city is clean.
   ③ My son was born / in South Korea.

Unit 4. Chunky 집에서 생긴 일!

Review

▶PRACTICE IT!

(1) great, love   (2) wise, sister   (3) your finger
(4) your laptop   (5) out for, train (6) out for, slippery floor

▶TRY IT!

1. ❶-ⓒ ❷-ⓑ ❸-ⓐ

2. ① Watch out / for the table.   ② Is your arm ok? / Isn't it hurt?
   ③ How nice / your house is!

Unit 5. 이웃과의 대화

Review

▶PRACTICE IT!

(1) speak, library   (2) run, hallway   (3) on, picnic

(4) throw, party   (5) go fishing   (6) computer games

▶TRY IT!

1. ❶-Ⓐ ❷-Ⓒ ❸-Ⓑ

2. ① My wife likes / to look after our kids.   ② Where do you like / to go shopping?

   ③ You should not run / in the kitchen.

Unit 6. 저희 집에도 오실래요?

Review

▶PRACTICE IT!

(1) not wait for   (2) not make mistakes   (3) study, harder

(4) read, book   (5) borrow, pen   (6) use, computer

▶TRY IT!

1. ❶-Ⓑ ❷-Ⓒ ❸-Ⓐ

2. ① Why don't you / come over to my house?   ② Can I / take a rain check?

   ③ Next time, / I will not run.

Unit 7. V-mart로 어떻게 가죠?

Review

▶PRACTICE IT!

(1) sit here   (2) ask, question   (3) use, application

(4) solve, question   (5) should, next   (6) noticed

▶TRY IT!

1. ❶-Ⓒ ❷-Ⓐ ❸-Ⓑ

2. ① Could you tell me / how to get to V-mart?

   ② Did you understand / what I said?   ③ May I / ask for some directions?

Unit 8. 버스 정류장에서 생긴 일!

Review

▶PRACTICE IT!

(1) subway   (2) on foot   (3) losing weight

(4) speaking, fluently   (5) late, school   (6) bed, late

▶TRY IT!

1. ❶-Ⓐ ❷-Ⓑ ❸-Ⓒ

2. ① Can I go there / by using my superpower?

   ② As you know, / I'm capable of / running fast.

   ③ You'd better not / use your super power.

Unit 09. 너의 힘은 비밀이야!

Review

▶PRACTICE IT!

(1) forget, girl   (2) Don't, birthday, cake   (3) Be careful, the, car

(4) Here, comes   (5) bus, to   (6) Does, City, Hall

▶TRY IT!

1. ❶-Ⓐ ❷-Ⓒ ❸-Ⓑ

2. ① Does this bus go / to V-mart?   ② Be careful. / Here comes the bus.

   ③ Don't forget / that you shouldn't show your power to people!

Unit 10. 버스 안에서

Review

▶PRACTICE IT!

(1) buy, smartphone   (2) would, like, exercise   (3) wins, a, prize

(4) looks, like, hungry   (5) cheat, on, a, test   (6) think, good, library

▶TRY IT!

1. ❶-Ⓒ ❷-Ⓐ ❸-Ⓑ

2. ① I don't think / it's good to steal her purse.

   ② She looks like / she has lots of money.   ③ I would like / to buy some cake.

Unit 11. 범죄 현장 목격!

Review

▶PRACTICE IT!

(1) sing   (2) what, focus   (3) cleaning

(4) playing   (5) where, is   (6) Excuse, Where

▶TRY IT!

1. ❶-Ⓑ ❷-Ⓐ ❸-Ⓒ

2. ① What are we going to buy / in V-mart?   ② He is stealing / her purse.

   ③ Oh, my goodness! Where is my purse?

Unit 12. 도와주세요!

Review

▶PRACTICE IT!

(1) anyone, study   (2) Can, go, shopping   (3) make

(4) turn, off   (5) earned, money   (6) sure, went, amusement, park

▶TRY IT!

1. ❶-Ⓑ ❷-Ⓒ ❸-Ⓐ

2. ① Can anyone / help me?   ② Could you / go to the police office?

   ③ I'm sure / that they stole the purse.

Unit 13. 경찰서에서 생긴 일

Review
▶PRACTICE IT!
(1) finish, your, homework   (2) must, keep   (3) comfortable
(4) feel, excited   (5) respected   (6) should, have, finished

▶TRY IT!
1. ❶-ⓒ ❷-Ⓐ ❸-Ⓑ
2. ① You must / stand in line.   ② I feel / nervous / in the police station.
   ③ I should have / gone to V-mart.

Unit 14. 범인을 찾아라!

Review
▶PRACTICE IT!
(1) played   (2) who, danced   (3) tell, a, lie
(4) be, impolite   (5) the, winner   (6) understand, teaches, English

▶TRY IT!
1. ❶-ⓒ ❷-Ⓐ ❸-Ⓑ
2. ① I saw the person / who stole the purse.   ② How could you / say that?
   ③ Now, I understand / you're the thief.

Unit 15. 범인 체포 성공!

Review
▶PRACTICE IT!
(1) be, tired, of   (2) worried, might, oversleep   (3) How, spell
(4) How, spell   (5) passport   (6) Can, check, bag

▶TRY IT!
1. ❶-Ⓑ ❷-ⓒ ❸-Ⓐ
2. ① I am worried / that Chunky / might be in trouble.
   ② How do you spell / your name?   ③ Can I check / your ID?

Unit 16. 경찰서에서 걸려온 전화

Review
▶PRACTICE IT!
(1) May, speak   (2) This, speak, to   (3) relieved
(4) relieved, to, buy   (5) say, arrive   (6) suits

▶TRY IT!
1. ❶-Ⓑ ❷-ⓒ ❸-Ⓐ
2. ① This is a police officer. May I speak / to Mr. Chunk?
   ② I am relieved / to hear that.   ③ Can you say / that again?

Unit 17. Chunky가 태어나던 날

Review

▶PRACTICE IT!

(1) has, muscle   (2) have, freckles   (3) so(혹은 very), happy, when, exam

(4) so(혹은 very), happy, when, contest   (5) could, ride

(6) knew, you, could, become

▶TRY IT!

1. ❶-Ⓑ ❷-Ⓐ ❸-Ⓒ

2. ① My wife has / curly hair.   ② I was so happy / when my son was born.

   ③ I knew / that you could / make it.

Unit 18. 초능력을 가지고 태어난 아이

Review

▶PRACTICE IT!

(1) what, I, saw   (2) can't, believe, what, happened   (3) tired, need, coffee

(4) sick, need, rest   (5) Can, you, where, went   (6) Can, you, when, will, start

▶TRY IT!

1. ❶-Ⓑ ❷-Ⓐ ❸-Ⓒ

2. ① I can't believe / what I saw.   ② Are you okay? / Do you need / some help?

   ③ Can you tell me / what happened?

Unit 19. 일하기 힘든 날

Review

▶PRACTICE IT!

(1) brighter   (2) higher, than   (3) I, think, better

(4) I, think, better, than   (5) Do, you, know   (6) you, know, recipe

▶TRY IT!

1. ❶-Ⓒ ❷-Ⓐ ❸-Ⓑ

2. ① Mr. Kind is faster / than you.   ② I think / he is much better / than me.

   ③ Do you know / what I mean?

Unit 20. Mr. Chunk가 혼난 날

Review

▶PRACTICE IT!

(1) disappointed, in   (2) disappointed, in, employees   (3) sorry, lazy

(4) sorry, checking   (5) not, my, fault, because

(6) not, my, fault, because, familiar

▶TRY IT!

1. ❶-Ⓑ ❷-Ⓐ ❸-Ⓒ

2. ① I feel disappointed / in you.   ② I'm sorry / for being late.

   ③ Sorry, / but it's not my fault / because I was busy.

Unit 21. 직장생활은 힘들어!

Review
▶PRACTICE IT!
(1) don't, want, waste   (2) don't, want, disappoint   (3) afraid, can't, party
(4) afraid, answer, question   (5) scared, go, to, the, dentist
(6) scared, airplane, acrophobia

▶TRY IT!
1. ❶-Ⓐ ❷-Ⓑ ❸-Ⓒ
2. ① I don't want / to hear you.   ② I'm afraid / I must go.
   ③ I'm scared / to work / with Mr. Scrooge.

Unit 22. 우울한 하루

Review
▶PRACTICE IT!
(1) happy, about, result   (2) happy, about, news   (3) annoys, because, terrible
(4) annoys, me, because, slippery   (5) What, sad   (6) What, makes, worried

▶TRY IT!
1. ❶-Ⓐ ❷-Ⓒ ❸-Ⓑ
2. ① I'm not happy / about my terrible job.
   ② Mr. Scrooge annoys me / because he is not kind.
   ③ What makes you / irritated?

Unit 23. 힘을 주는 하루

Review
▶PRACTICE IT!
(1) satisfied, with, restaurant   (2) satisfied, with, service, hotel
(3) be disappointed, children   (4) be disappointed, said
(5) were, would, help   (6) were, would, sit, the, elderly

▶TRY IT!
1. ❶-Ⓒ ❷-Ⓑ ❸-Ⓐ
2. ① I'm not satisfied / with Mr. Scrooge.   ② Don't be disappointed / in yourself.
   ③ If I were you, / I would go / to the office.

Unit 24. 그 시절이 떠올라요

Review
▶PRACTICE IT!
(1) when, kindergarten   (2) misses, was   (3) meeting, first
(4) studying, school   (5) appreciate, help   (6) really, taking

▶TRY IT!
1. ❶-Ⓒ ❷-Ⓑ ❸-Ⓐ
2. ① I miss the time / when I was a superhero.   ② I'll never forget / getting applause.
   ③ I really appreciate / your encouragement.

Unit 25. 쇼핑은 즐거워

Review

▶PRACTICE IT!

(1) need. hurry   (2) was, home   (3) looking, job
(4) looking, lost   (5) mind, ask   (6) open, window

▶TRY IT!

1. ❶-ⓒ ❷-Ⓑ ❸-Ⓐ
2. ① I said / you can't / buy toys.   ② I'm looking for / fresh carrots.
   ③ Do you mind / if we go to the toy shop?

Unit 26. 아이들을 찾아주세요 Ⅰ

Review

▶PRACTICE IT!

(1) understand, saying   (2) join, club   (3) seen, before
(4) Have, rainbow   (5) believe, done   (6) believe, love

▶TRY IT!

1. ❶-ⓒ ❷-Ⓐ ❸-Ⓑ
2. ① I'm afraid / you can't go.   ② Have you seen / my children?
   ③ I can't believe / I lost my children.

Unit 27. 아이들을 찾아주세요 Ⅱ

Review

▶PRACTICE IT!

(1) tell, yourself   (2) me, trip   (3) wearing, wearing
(4) is, am   (5) hope, smile   (6) has, time

▶TRY IT!

1. ❶-ⓒ ❷-Ⓑ ❸-Ⓐ
2. ① Can you tell me / about your kids? ② Chunky is wearing / overalls.
   ③ I hope / I can find my kids.

Unit 28. 당신을 위해 할 수 있는 일이?

Review

▶PRACTICE IT!

(1) ask, question   (2) excused   (3) build, snowman
(4) want, secret   (5) do, favor   (6) print, me

▶TRY IT!

1. ❶-Ⓐ ❷-ⓒ ❸-Ⓑ
2. ① May I / help you?   ② Do you want / to buy a hamburger.
   ③ Can you / eat pizza fast?

Unit 29. Mr. Gang과 Mr. Evil이 만난 날

Review

▶PRACTICE IT!

(1) good, cooking   (2) is, playing   (3) how, fix

(4) has, talking   (5) because, think   (6) because, illegal

▶TRY IT!

1. ❶-Ⓐ ❷-Ⓑ ❸-Ⓒ

2. ① I'm good at / eating pizza fast.   ② I have no idea / how you were released.
    ③ It's because / I'm smart.

Unit 30. 도대체 왜 잡힌거야?

Review

▶PRACTICE IT!

(1) think, late   (2) think, move   (3) sure, has

(4) sure, turned   (5) wonder, ate   (6) whether, wear

▶TRY IT!

1. ❶-Ⓒ ❷-Ⓑ ❸-Ⓐ

2. ① Why do you think / you were caught by a police officer?
    ② Are you sure / you are smart and strong?
    ③ I wonder / whether he is the thief / or not.

저자 프로필

기획 저자 정동완

전 외국어특목고 영어교사
전 외국어영재원강사 현 진로진학상담교사
교육전문가 봉사단체 '오늘과 내일의 학교' 회장
EBS 영어강사 (구사일생)
특강, 캠프 기획 운영 1500회 이상 진행 전국구 강사
청크영어 앱 8개 출시(안드로이드 앱스토어)
저서: 영어 오답의 모든것 시리즈 (핵심, 구문, 듣기, 심화편) (꿈구두)
　　　시험에 꼭 나오는, 어법만 딱 (꿈틀)
　　　아임 in 청크 리스닝 1, 2 (사람in)

저자 이은주

충남대학교 영어영문학과 졸업
한국교원대학교 대학원 영어교육과 석사 졸업
현 모산중학교에서 15년차 영어교사로 재직 중
2011, 2012 올해의 영어교사 교육감표창 수상
2011 제 13회 교실수업실천사례 연구발표대회(영어과) 2등급 수상
2011 잉글리쉬업 경연대회 지도사례 연구대회 3등급 수상
2013, 2014 충남 일정연수 강의 강사
2013 충남 신규복직교사 연수 강사
2016 자유학기제 유공교원 교육장표창 수상
2017 충남교육청 수업나눔 공동체 활성화 연수 강사
2020 중등 충남온라인학교 콘텐츠 개발위원 위촉
2020 중등 충남온라인학교 콘텐츠 개발 지원 교육감표창 수상
2021 충남교육청 자유학기제 주제선택활동 자료개발위원 위촉
2023 충남교육청 영어교육나눔 한마당 운영위원 및 자료개발위원 위촉
2023 사제동행 영어독서동아리 교육감 표창

저자 이선

한양대학교 사범대학 영어교육과 졸업
현 경기 문정중학교 34년차 영어교사
1994 영어말하기대회 지도 교육장 표창
1997 생활영어캠프 지도 교육장 표창
1998 교수학습 개선을 위한 수업경선 교육감 표창
2000, 2002 신나는 영어나라 중학생 영어 교육청 연수 강사
2001 공로장-용인시교원연합회
2001 외국어과 수업연구 경선 교육감 표창
2008 원어민 교사 활용 창의적 영어교육 운영 명품교육프로그램인증제 교육감 표창
2010 전국 영어경시대회 지도교사상 수상
2019 강원 외국어교육원 행복한 영어선생님 직무연수 강사
2019 인천동부 중등외국어교과 연수 강사
2019 서울 송례중학교 자유학년제 수업역량강화를 위한 교원자율연수 강사
2019 경기도율곡연수원 낯선 행동 이해와 소통 직무연수 강사
2019 경남교육청 교육연수원 중등영어수업능력함양 직무연수 강사

2019 교육공로상-경기교원단체총연합회
2020 시흥 유초중등 신규교사 직무연수 강사
2021 충남 중등 영어교육 연구회 교사 학습 공동체 연수 강사
2021 교육공로상-한국교원단체총연합회
2021~2023 고래학교(교사성장학교) 공유회 강사
2022 하브루타 전문강사 1급, 하브루타미래포럼 평생연구위원
2022 동수원중 창의프로젝트반 특강 강사
2022 구미교육지원청 영어교육 연수 강사
2022 교육공로표창 훈장증(백록장)-대한사립학교장회
2022 MKYU디지털튜터협회 회원
2023 MKYU 디지털튜터 1급
2023 교사크리에이터협회 회원
저서: 공역 [교실에서 바로 쓸 수 있는 낯선 행동 솔루션 50],
    공저 [변화의 시작 이기적으로 만나는 시간],
    [고래학교 이야기1], [버킷리스트16], [책을 쓴 후 내 인생이 달라졌다2] 외.

저자 윤소라

고려대학교 사범대학 영어교육과 졸업
고려대학교 영어교육전공 석사과정 졸업 예정
11년차 현직 고등학교 영어교사
2017 선문대학교 학생부종합전형 인성검토 자문 위원
2018 직업기초능력평가 시·도교육청 상황실 운영 전담교사 위촉
    직업교육활동 유공교원 교육감 표창 수여
2021 한국교육과정평가원 직업계고 기초학력 신장을 위한 영어과 콘텐츠 검토
2022~2023 직업기초능력평가 영어 영역 문항 개발
2022 한국교육과정평가원 직업계고 기초학력 신장을 위한 영어과 콘텐츠 개발
    한국교육과정평가원 직업계고 대상 영어 영역 진단평가 검토
2023 한국교육과정평가원 직업계고 대상 영어 영역 진단평가 및 형성평가 문항 개발

저자 성유진

현 서울 동대문중학교 영어교사로 재직 중